新書

柳田由紀子
YANAGIDA Yukiko

二世兵士 激戦の記録

日系アメリカ人の第二次大戦

479

新潮社

二世兵士　激戦の記録　日系アメリカ人の第二次大戦●目次

第一章　戦争と二世

昭和二十年夏、戦艦ミズーリ号上にて

「これが、私です」

小柄な老人が、そう言いながら差し出した一葉の写真に、私は吸い込まれるように見入っていた。

モノクロ写真の中では、日米の軍人十数名が、緊迫した表情で海図を睨んでいる。中央にいるのは、丸刈りの若き日本兵。写真が撮影されたのは一九四五年（昭和二十年）八月二十七日、場所は、相模湾沖に停泊中の米国第三艦隊旗艦、ミズーリ号上である。

米軍進駐三日前、ミズーリ号内の竹宮帝次（中央）。
写真提供・竹宮仁美氏

私は、この日、東京都下の老人施設に、日系二世の竹宮帝次氏（当時八十四歳）を訪ねていた（以下敬称略）。心筋梗塞のリハビリのために入所した竹宮は、ポロシャツにトレパンとカジュアルな服装だったが、容易に人を寄せ付けない厳格な雰囲気がこの人の周囲に漂う。

敗戦の夏、竹宮は、日本側ただひとりの通訳としてミズーリ号に乗艦した。日本の海軍大佐ふたりと士官室に導かれた彼は、早々に第三艦隊提督ウィリアム・ハルゼーの参謀長、ロバート・カーニー少将から、「横須賀鎮守府と海軍航空基地の明け渡しに関する文書」と、「横須賀占領軍指揮官、オスカー・バッジャー少将名による武装解除、海岸防備、宿舎、衛生などに関する指示書」を手渡された。

件《くだん》の写真が撮られた時、竹宮は、東京湾に日本軍が設置した機雷網について懸命に説明していたという。

一万七千名の米兵を乗せた米艦隊は、機雷の合間を縫って入港する。敗戦から十二日、米軍の横須賀占領は三日後に迫っていた――。

「マッカーサー厚木上陸」（一九四五年八月三十日）のイメージがあまりにも強烈だからふと忘れがちだけれど、占領軍は無論、昨日まで敵だった日本にいきなり上陸したわけではない。それ以前に、マニラや厚木、ミズーリ号で綿密な折衝を行ったのだ。

ミズーリ号は、写真が撮影された日から約一週間後の九月二日、連合国に対する日本の降伏文書調印の舞台となった。日本側から調印式に臨んだのは、重光葵《まもる》外務大臣、梅津美治郎参謀総長ら十一名のみ。一少尉だった竹宮が臨席する余地はなかった。しかし、彼はミズーリ号という現代史に名を刻む艦上で、国の行方を左右する重要な会合に関わったのだ。充分に胸を張れる仕事と思われるが、意外にも竹宮は、

「私が志願したわけじゃない。行けって言われたから行ったたってことです。その意味で、

私はやらなくて良い仕事をやったんです」

と、やや突き放すような口調で言った。

ゴー・フォー・ブローク全米教育センター

「ゴー・フォー・ブロークが、日本にいる二世と元日本人捕虜を取材したいらしいの。その手伝いをする気はない？」

ある日、ロサンゼルス領事館に勤める友人から電話がかかってきた。ゴー・フォー・ブローク？　二世？　捕虜？　なんだかわからないことだらけだ。

話をよく聞けば、英語で「go for broke」とは、「当たって砕けろ」とか「いっちょやったろう」といった意味で、この言葉は第二次世界大戦中に、ヨーロッパ戦線で戦った日系アメリカ二世兵の合言葉になった。そんな二世兵士たちの戦争体験を記録する非営利団体がロサンゼルスにあり、その団体名が「ゴー・フォー・ブローク全米教育センター」だと友人は説明した。

知らなかった……。ロサンゼルスに住んで、かれこれ十年になるのだけれど。

友人の解説が続く。

「ゴー・フォー・ブローク全米教育センターの設立は一九八九年、現在の会員数は日系退役軍人を中心に一万八千名くらい。第二次大戦で日系兵が果たした役割は、大きく分けて三つね。ひとつは、『ゴー・フォー・ブローク』をモットーに、ヨーロッパで闘った第一〇〇歩兵大隊を含む第四四二連隊戦闘部隊の軍功。二つ目は、太平洋諸島やアジアで、日本語能力を発揮した情報語学兵の活躍で、彼らの任務は日本兵を投降させ、捕虜から情報を得ることだったの」

なるほど、それで捕虜なのか。

「そして最後は、戦後にＧＨＱ（連合国最高司令官総司令部）のメンバーとして日本の復興に貢献したこと。ともかく、今回の日本取材は、私たち日本領事館も支援しているのよ」

そこで、私はゴー・フォー・ブローク全米教育センターを訪ねることにした。教育センターは、トヨタやホンダなど、日本企業の北米本社が並ぶ全米でも有数の日本人街、トーランスにあった。私の家から車で三十分くらいの場所だ。

教育センターに入ると、ちょうど週一回の定例会後ということで、年配の日系人二十名ほどが和気藹々と昼食の最中だった。ちょっと日本の老人会のような雰囲気。けれどもよく見れば片腕を失った人もいて、この場所の意味を再確認させられた。

私はここで、ひとりの老紳士に紹介された。

「理事のケンジロウ・アクネです。ケンと呼んでください。今度、日本に取材に行くけれど、僕は日本語が上手じゃないので助けて欲しいです」

老紳士は、九州訛りの日本語でにこやかに自己紹介した。そして、自分が戦争中、アメリカ陸軍の情報語学兵としてビルマ（現・ミャンマー）の戦場に赴いたこと、一方、弟は日本の特攻隊要員だったこと、戦後はGHQに関わり、一時期は、「東京裁判」中の市ヶ谷旧陸軍省に住んだことを日米両語をまじえて語った。まるで、現代史の生き字引みたいだった。

ケンの話に次第に引き込まれた私は、日本取材の仕事を引き受けることにした。

こうして二〇〇八年（平成二十年）夏、ケンと、「戦争」を、ましてや「二世たちの戦争」を知らない私は、三週間の日本取材に旅立った。

日本人の原型を残す二世

冒頭に記した竹宮帝次は、その日本取材で出逢った人だ。竹宮やケンの人生については追々詳述するが、竹宮の取材は、私にとって生涯忘れられないものとなった。

インタビューの終わりに竹宮は語った。

「戦争なんて、誰だってやりたくないと思うんですよ。でも、その時は言えない、言わない。だから私は、どうしてと言いたくなる。どうして？　始めてしまったもの、止めろと言ってもなかなかそうはできない。長崎だって、広島だってやる必要はなかったんだと、私は思う。だから、戦争をやらなきゃいいんだ。争いごとなど、全部なくしてしまえばいい。

でも、それは私が思うこと。ところが戦争が起きました。やらなければ、原爆もなかったと思います。日本は戦争に負けた。負けた後の始末を誰が負うかというと、我々です。

アメリカに残っていたいという気持ちはあったです。アメリカに残っていたらどんな人生だったか？　自分で選べなかったんだから、考えてもしかたがない。

アメリカで収容所に入れられたり、私のように日本で軍人にされたり、二世はみんな翻弄されました。だから、『ゴー・フォー・ブローク』という言葉が出てくる。ゴー・フォー・ブロークというのは、二世みんなの気持ちですから。私は、私なりのゴー・フォー・ブロークを日本でやったってことです。

行けと言われて行った。やらなきゃしようがない。一生懸命やる。それが、ゴー・フォー・ブローク――」

竹宮は、言葉を嚙みしめるようにそう言うと、

「もういいですか？」

と、インタビューの終了を促した。インタビューは四時間におよぼうとしていた。私は、ゆっくりと頷いた。

と、その途端、まったく予期しない出来事が起きた。それまで怖いほど沈着冷静だった竹宮の顔が激しく歪み、次の瞬間、「あー」と叫んで泣き崩れたのだ。

突然だった。

竹宮は、それでもなんとか自分を抑えようと、アメリカ時代のアルバムを開き慈しむように写真を撫でた。だが、再び言葉にならない声を絞り出すと、啼泣《ていきゅう》し続けた。

取材を終えて、竹宮が住まう老人施設を後に、私とケンはとぼとぼと駅へと続く道を

歩いていた。

「あいにくの人生……」

ケンがつぶやいた。

「一生を振り返って、自分で選べなかった人生を思って泣いたのかもしれない。それとも、苦しかったミズーリ号でのことが頭に浮かんだのか。二世として、ずっと辛い立場だったでしょう。でも、決して自分の人生を恥じてはいない。すべてを果たした安堵感が涙に繋がったと思う。僕には、その気持ちが痛いほどわかる」


私とケンはあの夏、七名の二世と十二名の元日本人捕虜を取材してアメリカに戻った。私が教育センターから引き受けた仕事は、それでお終いだった。けれども、その後も私はセンターを訪ねては「二世たちの戦争」に耳を傾けた。それは彼らに、幼い頃そばにいた明治生まれの人々に再会したような懐かしさ、もっといえば、日本人の原型のようなものを見たからだ。

総じて海外移民は、自分たちが国を後にした時点の母国文化をそのまま保ち、また子弟にもその古い文化を教育する。二世の父母である一世が渡米したのは明治期。だから時代が二十一世紀に入っても、二世の胸の内には明治や、明治を生んだ武士の時代の心が脈々と宿っている。

二〇一一年春の大津波は、日本列島の在り方を私たちにまざまざと見せつけた。美しい四季も自然もあるが、地震が多く台風や洪水にもしばしば見舞われる、資源の乏しい日本。その日本の風土が、我慢、忍耐、勤勉、正直、謙虚、惻隠《そくいん》などの言葉に代表される、清貧で黙々と生きる日本人独特の情念や情感を育んだ。

しかし、そんな日本人の美風が失われたといわれて久しい。一方、日本から遠く離れたアメリカの地では、二世たちが、まるで〝冷凍保存〟したかのように古来培ってきた日本人の情感を持ち堪えている。その彼らは、青年期に戦場という極限の場で日本人の徳目を最大限に発揮した。それは、私にはとても不思議で胸を揺さぶる事象なのだった。

三万六千人が戦場に

ウエブスター大辞典によれば、二世（ｎｉｓｅｉ）とは「アメリカ大陸、わけてもアメリカ合衆国で日本人移民の子として生まれ教育を受けた者」とある。その意味では、仮りに私に子どもが産まれた場合、その子は二世となる。

しかし、一般にアメリカで二世といえば、日本人が雪崩を打ったようにハワイを含む米国に向かった明治期に移民となった、明治生まれ、時には江戸末期生まれの両親のもとに誕生した人々を指す。人によっては祖父母が早い時期に移民しているので、実質的には三世のケースもあるが、そうした人々も世代的に二世と呼ばれる。

二世の人口は、一九一〇年代（明治四十三年～）から次第に増加し、出生のピークは一九二〇年（大正九年）から一九二五年（大正十四年）。一九四〇年（昭和十五年）頃にはおよそ十八万人と、一世人口を越えて日系人全体の六割を占めるようになった。

事実、ケンジロウ・アクネと竹宮帝次もともに一九二三年（大正十二年）生まれである。ケンは、サンフランシスコ近郊の農村、ターラックで九人きょうだいの次男（父・利一郎、母・ユキエ）として、竹宮は、ロサンゼルス郡サンペドロ市、日系農家が集ったホワイトポイント開拓地に三人きょうだいの長男（父・常治、母・かの）として産声を上げた。一九二三年に生まれたふたりは、日米が開戦した一九四一年（昭和十六年）には十八歳になっていた。つまり、ふたりをはじめ二世の多くが、開戦時〝最も戦場に近い年齢〟に達していたのである。

一九四二年（昭和十七年）九月の米陸軍省調査は、徴兵可能な日系人を約三万六千人と推算している。実際に米軍に入隊した二世はおよそ三万三千人だから、ほぼ全員に近い二世青年が戦場に送られたことになる。

一方、日米開戦時に滞日中だった二世は約二万人と、日系移民史の権威、カリフォルニア州立大学ロサンゼルス校（UCLA）歴史学部教授の故ユウジ・イチオカは、外務省の記録『日系外人関係雑件』などをもとに推測する。さらに、サンフランシスコ在米日本人会が四〇年に発行した『在米日本人史』にも、「現在日本には約二万人の二世が滞在」とある。

その内、日本軍に入隊した二世の数は三千人から五千人といわれる。

日米両国併せて、兵士になった二世は三万六千人余。人により差こそあれ、彼らの誰もが日米二つの国の間で苦悩した。生死を分けた戦地で、祖国とは？　自らの身体に流れる血とは？　という根源的な問いを突きつけられ、辛い決断や行動を迫られたからだ。

アメリカでは、明治に始まる日本人移民（ジャパニーズ）は、長い排日の歴史と第二次世界大戦を経て、ようやく日系アメリカ人（ジャパニーズ・アメリカンズ）と認められるようになった。

今、私がアメリカに暮らしていても、また日本人がアメリカを旅しても、差別を受けることはまずないだろう。それは、戦後日本の驚異的な復興と経済成長の賜《たまもの》でもあるけれど、二世の戦地における活躍がなければ、アメリカで日系人や日本人にこれほど暖かい光が射すことは決してなかったはずだ。

二世たちは今、晩年を迎えている。ゴー・フォー・ブローク全米教育センターCEOのドン・ノセによれば、「アメリカに存命の二世はわずか三千五百名ほど」。人生の終焉を前に、二世たちは、澱《おり》を吐き出すかのように戦争の記憶を私に語った。その中には、竹宮同様、突然顔を歪めて泣き崩れる人も少なくなかった。振り返れば、それは常に「祖国と自分」にまつわる事柄に触れた時に起きたように思う。良きにつけ悪しきにつけ、人は国家とともに生きるのだ。

この本は、そんな二世と戦争の物語である。

すべては、一九四一年（昭和十六年）十二月八日、米国時間七日の真珠湾攻撃から始まった。

第二章　真珠湾攻撃

「これは演習ではありません」

ハワイ、オアフ島の南端には、熊手を開いたような複雑な形をした入り江が広がる。パールハーバー、真珠湾。そのちょうど真ん中あたりにフォード島という小島があって、島を背景に、日米戦の始まりと終わりを告げた二隻の戦艦が横たわる。一隻は、海底に沈む戦艦アリゾナ号。日本軍に撃沈されたこの艦は、今もおよそ九百名の遺体を抱いたまま、船体からどす黒い重油を出し続けている。もう一隻は、紺碧の湾上に大艦巨砲時代の威容を誇る戦艦ミズーリ号。竹宮帝次の戦後を決定づけた船である。

「帝国陸海軍は今八日《こん》未明、西太平洋においてアメリカ・イギリス軍と戦闘状態に入《い》れり」

日本のラジオに、日米開戦の第一報が大本営陸海軍部発表の臨時ニュースとして流れたのは、一九四一年（昭和十六年）十二月八日早朝七時。山本五十六連合艦隊司令長官が、その一カ月半ほど前に、海軍大臣、嶋田繁太郎に宛てた書簡で、「結局、桶狭間《おけはざま》とひよどり越《ごえ》と川中島とを併せ行うの已《や》むを得ざる羽目に追込まれる次第に御座候」と記した苦渋の奇襲戦術は、奇跡的にも見事に功を奏し日本中が快哉《かいさい》の声に沸き立った。それは新感覚派の小説家、横光利一でさえ「戦はつひに始まった。そして大勝した。先祖を神だと信じた民族が勝ったのだ」と日記に綴るほどの沸騰ぶりだった。

一方、現地ハワイに日本軍の第一弾が投下されたのは七日、日曜日の午前七時五十五分。真珠湾は、基地の業務開始を告げる国旗掲揚の五分前で、二日前の金曜日に給料を支給されたばかりの水兵たちは、前夜、ホノルルの酒場で正体をなくしてからたった数時間後という状態だった。

一般市民はといえば、いつものように常夏の太陽が昇る日曜の朝をうららに迎えていた。

「私は歯を磨いてズボンをはくと、寝室にあった小型ラジオのスイッチを入れました。だんだん暖まってきたラジオからは、ブーンという音に続いて、しばらくの間ハワイアン音楽が流れていました。ところが、それがいきなり逆上したアナウンサーの叫び声に変わったのです」(Go For Broke National Education Center, Video Archive)

七十一年前の朝をそう回顧するのは、ハワイ出身のダニエル・イノウエ上院議員(八十七歳)だ。「逆上した声」は叫んでいた。

「これは演習ではありません! 本物の戦争です!!」

アナウンサーは続けた。

「繰り返します。これは演習ではありません! 真珠湾が攻撃されています」

当時、十二歳だったサダオ・ニシハマ(八十三歳)も語る。

「私たち家族九人は、オアフ島のアイエア・プランテーションに住んでいました。砂糖キビ畑の貧しい労働者です。あそこは真珠湾がよく見える高台でしてね。攻撃があった時は一家で朝食中でした。驚いて家を飛び出すと、他の家族も外に出ていました。十五分くらい後でしたか、戦艦アリゾナに向かって飛行機がダイブするのがはっきりと見えました。魚雷までくっきりとです。そのうちにアリゾナが燃え上がりました。でも、みんないつもの演習だと思っていたんですよ。当時ハワイでは、それくらい戦闘訓練が日常的になっていましたから」

同じプランテーションに住んでいたロナルド・オオバ（八十九歳）が補足する。

「物凄い爆音と炎に続いて零戦《ゼロ》がたくさん飛んで来た。零戦は、木の上すれすれを飛ぶほどの超低空飛行でした。だからパイロットと目が合ったんですよ。すると、なんと日本人じゃないですか！　しかも、飛行機の翼には日の丸が描かれていた……」

日の丸や自分たちと同じ顔をしたパイロットを見たものの、日系人たちはそれが日本軍だとは思わなかった。いや、思いたくなかったといった方が正しいのかもしれない。なぜなら、「敵が先祖の国」と認めてしまえば、赤貧と排日の中でなんとか築いてきた自分たちの生活が根底から覆されてしまうからだ。

だが、それから三時間後、フランクリン・ルーズベルト大統領はラジオを通じて国民に告げた――「敵は日本」だと。

米国の記録によれば、大小合わせて九十六隻の艦艇がひしめいていた真珠湾で、日本軍は、アリゾナ他戦艦五隻、駆逐艦二隻を沈め、航空機百八十八機を撃破。米海軍の戦死者（含・海兵隊）は三千七十七名、戦傷者八百七十六名、陸軍の戦死者は二百二十六名、戦傷者三百九十六名を数えた。日本海軍の機動部隊三百六十機と特殊潜航艇五隻が、約二時間、二波にわたって行った攻撃先は、真珠湾だけでなくヒッカム、ウィーラー、ベローズ、カネオへ、四カ所の航空基地におよんだ。民間人にも犠牲者が多出したが、その中には、「日本語で金切り声を上げながら徘徊する片目を失った老婆」（ダニエル・イノウエ）のように、先祖の国に撃たれたたくさんの日系人も含まれていた。

行こかメリケン、帰ろか日本

♪行こかメリケンよー　帰ろか日本
ここが思案の　ハワイ国

ハワイのプランテーションで一世労働者が作った唄に、『ホレホレ節』という哀愁に満ちた民謡がある。ホレホレとは、ハワイ語で砂糖キビの枯葉を取り除く作業のこと。ハワイ島のコナ・コーヒー園で生まれ育ったエドガー・ハマス（八十一歳、前・米陸軍情報部退役軍人会オアフ支部長）が解説する。

「ハワイ生まれの二世は、みんな『ホレホレ節』を聞いて育ったんです。この唄には、労働、日常、金銭、男女間のことなど、僕らの父母の生活や心情が濃厚に投影されています。『ホレホレ節』は二世の原風景。誰もが貧しかった時代の唄です」

♪ハワイ　ハワイと夢見て来たが
流す涙は　甘蔗《きび》の中

日本からハワイに最初の集団労働移民が到着したのは、一八六八年（明治元年）。一行は百四十八名の多勢で、後に「元年者」と呼ばれた。しかし、浪人や流れ者も多かった元年者に芳しい労働成果はなく、またハワイ側の対処も悪かったため、日本政府はその後約二十年間、日本人のハワイ移住を禁止した。

一方、アメリカ本土移民の第一号は、「会津戦争」（一八六八年）で明治新政府軍に敗れた会津若松の人々だった。会津藩は、米国に若松領を築き移住するという壮大な計画を立て、一八六九年（明治二年）に先遣隊数十名をカリフォルニアに送ったのである。だがこの計画は失敗に終わり、本土でも、その後しばらく日本人移民が増えることはなかった。

ところで、二世の労働運動家、カール・ヨネダは、著書『がんばって――日系米人革命家60年の軌跡』の中で以下の指摘をしている。

「そこ（筆者注・コロラド州デンバー）では、中国人の鉄道労働請負人が一八六〇年代に日本人売春婦をたくさん連れてきた……この売春婦たちが、実はアメリカ本土での最初の日本人〝契約〟労働者だった」（田中美智子他訳、大月書店）

それはともかく――。

一八八五年（明治十八年）、ハワイでは、ようやく本格的な日本人移民の時代が幕を開けようとしていた。それを遡ること四年前、明治天皇を訪問したハワイ王国カラカウア王は、人口減少に悩むハワイへの日本人労働者の移住を要望した。反対に、当時の日本は人口に匹敵するだけの産業がいまだなく、深刻な余剰労働人口問題を抱えていた。

そこで、日本政府は「官約移民制度」を実施。一八八五年二月、蒸気船シティ・オブ・トーキョー号で、第一回官約移民、九百四十四名をハワイに送った。官約移民制度は以降九年間続けられ、総計約三万人が主に三年契約でハワイの土を踏んだ。これら移民の大半は、農村不況をもろにかぶった独身の零細自作農や小作農たちで、出身地で多かったのは広島、山口、熊本、福岡。

この頃、外遊で渡米した作家の永井荷風は、同じ船で見た労働移民についてこんな風に書いている。

「彼等は人間としてよりは寧《むしろ》荷物の如くに取扱われ狭い汚い船底に満載せられていた。……外国で三年の辛苦をすれば国へ帰ってから一生楽に暮せるものとのみ思込んで……然《しか》しこの世は世界の何処《いずこ》へ行こうとも皆な同じ苦役の場所である」（『あめりか物語』新潮文庫）

結局、三万の官約移民の内、一万三千八百六十一人が日本に戻り、二千三十四人がハワイで死亡、八百七十七名が本土に渡り、残りの約一万三千人がハワイにとどまった。残留率わずか四割余。

荷風の言う通り、移民の暮らしは「苦役」に満ちていた。大多数が職を得た砂糖キビやパイナップルの大農場では、早朝にサイレンで叩き起こされ、番号札を首からぶら下げて炎天下働かされ続けた。住居も貧弱で、「豚小屋のように不潔で、いつも饐《す》えた臭いが漂っていた。平屋の一棟には数十人の労働者たちが独身者、夫婦者かまわず押しあ

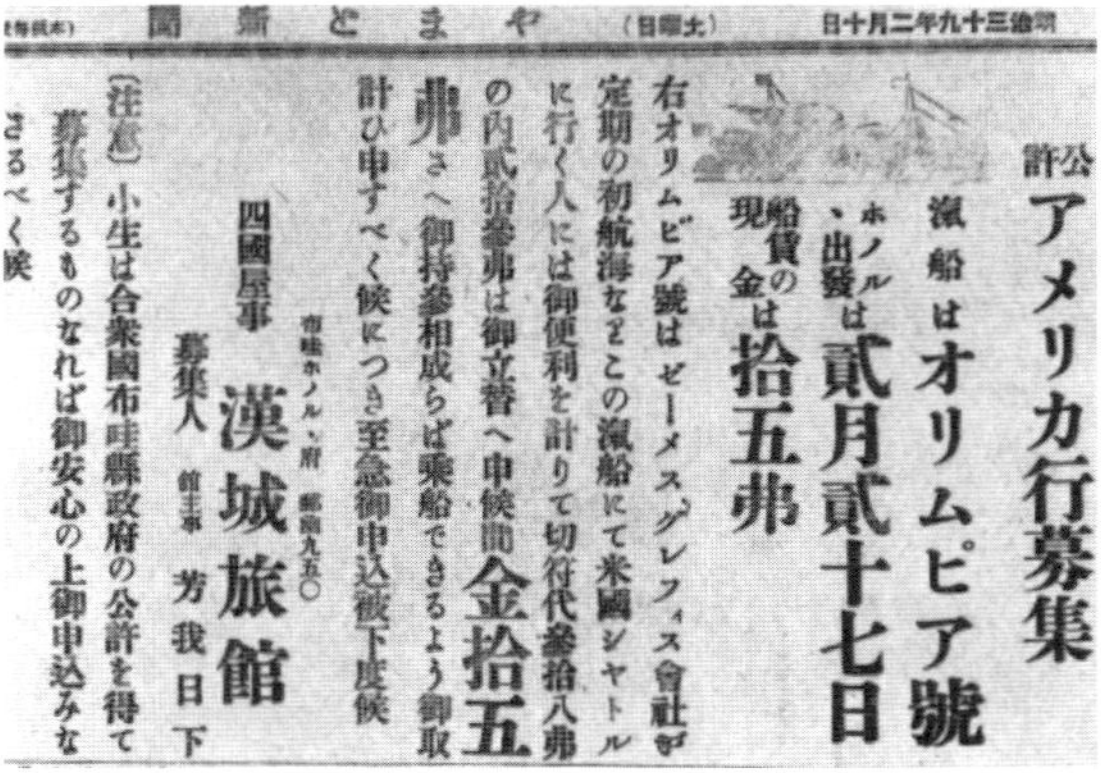
明治三十九年二月十日　（土曜日）　やまと新聞

公許
アメリカ行募集
滊船はオリムピア號
ホノル、出發は貳月貳十七日
船賃の現金は拾五弗

右オリムピア號はゼーメス、グレフィス會社の定期の初航海なるこの滊船にて米國シヤトルに行く人には御便利を計りて切符代參拾八弗の内貳拾參弗は御立替へ申候間金拾五弗さへ御持參相成らば乗船できるよう御取計ひ申すべく候につき至急御申込被下度候

市中ホノル、府　郵函九五〇
四國屋事　漢城旅館
募集人　館主事　芳我日下

（注意）小生は合衆國布哇縣政府の公許を得て募集するものなれば御安心の上御申込みなさるべく候

ハワイ「やまと新聞」明治39年2月10日号に掲載された「米本土行き汽船」の広告

いへしあいして住んでいた」（『もう一つのアメリカン・ドリーム』ロナルド・タカキ著、阿部紀子他訳、岩波書店）。その上低賃金だったために、夢破れて日本に帰る者が後を絶たなかったのだ。

なお、八百七十七名の官約移民がアメリカ本土に向かったのは、ゴールドラッシュ後の労働者不足でハワイより賃金が高かったためである。

♪行こかメリケンよー　帰ろか日本
　ここが思案の　ハワイ国

日本人移民は、まさに『ホレホレ節』の心情だった。

ハワイではその後、民間移民会社時代（一八九四年〜）、自由渡航時代（一九〇〇年〜）を経て、ハワイを含む全米で日本人の移住が禁止される一九二四年（大正十三年）までの間に、約二十二万人の日本人が移住した。

会津人の移住以降、アメリカ本土に日本人移民がぼちぼちと現れ始めたのは一八八〇年代（明治十三年〜）半ば。福沢諭吉の『西洋事情』（一八六六年〜一八七〇年）や『西洋旅案内』（一八六七年）に触発された苦学生が、サンフランシスコ港に上陸し、サンフランシスコとその周辺に暮らした。

一八九〇年（明治二十三年）の米国勢調査によると、米合衆国の日本人移民は二千三十九名。それが一九一〇年（明治四十三年）には七万二千二百五十七名、一九三〇年（昭和五年）には十三万八千八百三十四名と飛躍的に増えた。

特に、日露戦争（一九〇四年〜一九〇五年）後は日本が不景気に陥り、戦地帰りの独身者を中心に渡米者が膨れあがった。

竹宮帝次の祖父（父方）、市太郎や、ケンジロウ・アクネの父、利一郎がアメリカ本土に渡ったのもこの時期だった。市太郎は一八九七年（明治三十年）に熊本から、利一郎は日露戦争直後に鹿児島から移住した。利一郎は戦地帰りである。渡米後の市太郎はワシントン州各地で鉄道工事に携わり、後に南下しカリフォルニア州ガーデナ市やサンペドロ市で農業に転じた。利一郎は、渡米当初はサンフランシスコ近郊の農村、ターラックで農業を、その後は同じ土地で、日系農家のための食料品店や下宿を営んだ。

彼らのように日本人移民は西海岸に集中し、語学力を求められない、それ故低賃金の農場労働者、鉄道人夫、缶詰工などの職を得た。中には、毛布一枚を担いで各地の農場を転々とする「ブランケ担ぎ」と呼ばれた季節労働者も多かった。

異なる海から来たよそ者

意外に知られていないことだけれど、アメリカという国は、一七九〇年（寛政二年）に作った初の帰化法で外国人の帰化権を「白人」に制限している。その後の一八七〇年（明治三年）に同法は改正され、帰化権を「アフリカ生まれの外国人とアフリカ人の子孫」に拡大したが、白人でも黒人でもないアジア人は蚊帳の外だった。所詮、日本人を含むアジア人は、ヨーロッパ大陸とアメリカ大陸を結ぶ「大西洋」ではなく、「太平洋」という〝異なる海から来たよそ者〟だったのだ。

そんなアジア人は、帰化権の他にも職業や住居、結婚（一八八〇年、カリフォルニア州で「異人種間婚姻禁止法」）などで差別を受けた。とりわけ差別されたのが、低賃金でも黙々と働く勤勉な日本人移民である。勤勉で何が悪い、と言いたいところだが、勤勉なればこそ他人種から職を奪う結果をもたらした。また、お金を現地に落とさずせっせと日本に送金したことや、米国文化に容易に同化せず、同胞だけでかたまって暮らしたことも事態を悪化させた。さらに歳月が経つにつれ、日本人移民はその地位を農業労働者から自作農、あるいは商店主、事業家へと向上させていった。そのため、次第に彼らの存在は、白人社会を脅かす〝競争者〟として憎悪の対象となっていく。

この傾向に拍車をかけたのが、一九〇六年（明治三十九年）のサンフランシスコ大地震だった。震災後の不景気で各地に排日運動が発生。サンフランシスコ市教育局にいたっては、公立学校から日系学童を隔離する決定を下した。さすがにこれは日米間の話し合いで撤回されたが、翌年、アメリカはハワイ他、米本土以外を経由した日本人の入国を拒否。一九〇八年には「日米紳士協定」が交わされ、日本政府は旅券の発給を著しく制限した。

なお、サンフランシスコ市教育局の決定は差し戻されたが、日系学童を隔離した地域も実際には存在した。カリフォルニア州ストックトン市の小作農に生まれ、貧困のために州内各地を転々としたススム・イトウ（九十三歳）によれば、

「サクラメント郡で通った小学校には鉄条網が張られ、僕ら二世は隔離されていました。幼かったから何も感じなかったけれど、日系人が、一般社会に交えてもらえない存在だったのは確かです」

ケンジロウ・アクネも、

「プールに入れてもらえなかったので、川や運河で泳ぎました。都市部では、映画館も隔離席でした」

と、切なかった少年期を振り返る。

日米紳士協定が施行された後も、排日は止まらなかった。一九一三年（大正二年）、カリフォルニア州議会は「外国人土地法」、別名「排日土地法」を制定。「帰化できない外国人やその法人」の農地購入、借地、売却、遺贈を禁止または制限した。「帰化できない外国人」のターゲットは、もちろん日本人移民である。

その後も、排日の動きはますます拍車がかかっていった。以降、年代順に記したい。

＊一九二〇年（大正九年）カリフォルニア州で「外国人土地法」改正
改正前は、対象が「帰化できない外国人」だったため、一世には、米国籍を持つ二世の子どもを土地の名義人にする〝抜け道〟が残されていたが、改正後は、それらを防ぐ条項が盛り込まれた。その後、十一州がこれにならう。

サンフランシスコ、エンジェル島に到着した「写真花嫁」たち　National Archives

＊一九二〇年（大正九年）「淑女協定」
貧しい一世には、結婚にあたり日本に一時帰国する余裕がなかった。それ故、在米県人会や日本の親戚縁者を通じ、写真と履歴書を花嫁候補者に郵送。花嫁候補者も、同様の手続きで伴侶を決めた。いわゆる「写真花嫁」である。これは、見合いの風習がある日本ではさほど特殊なことではなかったが、アメリカ人には奇異で野蛮な行為と映り批判が絶えなかった。そこで日本政府は、写真花嫁への

旅券発給を禁止。写真花嫁の数は一説に二万人ともいわれ、多くの二世を産んだ。

＊一九二二年（大正十一年）「ケーブル法」

帰化権のない外国人と結婚した米国女性は市民権を失う。

＊一九二四年（大正十三年）「外国人移民制限法」

別名「排日移民法」。米政府が、突如として日米紳士協定を破棄。毎年のアメリカへの移民数を国ごとに決めたが、そこから日本を一切排除した。日本人移民はそれまで可能だった「近親者を呼び寄せる」ことさえ不可能になり、ハワイを含むアメリカに新たに日本人が移住する道は完全に絶たれた。

明治の日本を〝冷凍保存〟

ある日の昼下がり、「ゴー・フォー・ブローク全米教育センター」の定例会の後で、二世たちとおやつを食べていた時のことだ。「ベンシ」という言葉が、私の耳に飛び込んできた。二世は普段英語で話すから、「ベンシ」が「弁士」であると気づくのに少し時間がかかった。

「好きだったなぁ、浪右衛門」

と、ひとりが言えば、

「いや、正次郎の方がうまかったよ」

と、別の二世。

アメリカが、立て続けに排日関連法を作り一種の〝断種〟政策を採ったことで、日系社会には、それっきり日本の新しい血や文化が入らなくなった。結果、日系人はいよいよ、「古い日本」をそっくりそのまま〝冷凍保存〟するかのように保持した。また、たまに日本から映画や本、雑誌が入ると、貪るようにそれらを見たり読んだりした。

日系人が大事にした「古い日本」とは、明治、あるいは明治を産み育てた江戸武士社会の文化や思想、伝統、教育である。侍の矜持を保ちつつ、西欧社会に負けない新国家作りに邁進した明治時代。人々は粉骨砕身、臥薪嘗胆、忠君愛国と、我が身を捨てて国力の充実に努めた。だから、たいていの日系家庭には天皇の写真が飾ってあったし、日清日露両戦役に勝利した際には、家の前に日の丸を掲げ提灯を下げて祝ったりもした。さらに、満州事変（一九三一年）に続く日中戦争では全面的に皇軍を支援した。

「大人が日本軍への献金を募り、慰問袋や軍需供出のアルミを集めていたのを憶えている」

と、二世たちは口々に言う。日系人は、日本が強くなればアメリカにおける自分たちの地位も上がると考えたのだ。実際には、逆に日本が膨張すればするほど排日運動が盛んになったのだけれど……。

一世はまた、日本語教育を熱心に二世に施した。日本語学校は街場だけでなく農村部にも作られ、二世は米公立学校に加えてそこに通った。学校は、地域によって毎日あるいは週末に開校したが、日本語だけでなく柔道や剣道、修身の授業もあったし、「天皇誕生日に全校で万歳三唱をした」（ジェームズ・ムラタ、九十二歳）ところもある。

教育センターで二世たちが話していたのは、この時代に見た日本映画のことだった。彼らは、弁士がフィルムを抱えて巡回する小屋掛け上映会や、日本人街の日本映画専門館で活動写真を楽しんだ。教育センターの定例会〝皆勤賞〟のジョージ・フジモリ（九十一歳）が語る。

「侍モノの無声映画、特に『丹下左膳』が男の子には人気だった。ハンデを負いながらも、ひとりで多勢に向かう姿が格好良かった」

福岡出身のフジモリの父は、第一次世界大戦時、米兵として欧州戦を戦った。戦後、父はチャップリン邸の庭師に、フジモリ自身は長じて家具職人となったが、「第一顧客は、『プレイボーイ』誌オーナーの豪邸」というロサンゼルスならではの経歴の持ち主だ。

「『忠臣蔵』や『爆弾三勇士』は、友だちと回し合って何度も読んだもんだ。浪花節も蓄音機で聴いたよ、広沢虎造の『清水次郎長』とか『森の石松』なんかをさ。どれもテーマは義理、人情、大和魂。そういう心が二世には流れているんだ」

フジモリの話に、まわりの二世たちが「そうそう」とうなずいた。

〝冷凍保存〟の日本文化の他に、二世を特徴づけているのが言うまでもなく日米の二重性だ。その心情を一九二〇年（大正九年）にワシントン州シアトルで生まれ、一九三三年（昭和八年）から五年間を日本に暮らしたハリー・フクハラ（九十二歳）はこう説明する。

「アメリカは私が生まれ育った国であり、唯一知る国家だった。でも、その国でジャップと差別されればどうしたって日本贔屓《びいき》になる。ところが、日本に行けば行ったで〝米国者〟といじめられたから、今度はアメリカ贔屓になってしまう。アメリカ人にも日本人にもなり切れない二重苦。二世の誰もが抱えていた問題です」

二世の「二重苦」はそもそも言語にあった。彼らは一般に、家庭で親とは日本語、きょうだいとは英語で、家の外にあっては英語で話した。前出のダニエル・イノウエ上院議員は、ハワイ、オアフ島の貧困地区に育ったが、「rやl、thをきちんと発音できる二世などめったにいなかった」と言う。そして、「東洋系米国人には、例外なく生まれつき言うに言われぬ劣等感が染みついていた」とも。

「私たちはある国に住むのではない。ある国語に住むのだ。祖国とは国語だ」と言ったのはルーマニアの思想家、エミール・シオランだが、二世のナショナリティはその点、根本からぐらついていたのだ。それを安定させるためには、日米、どちらかの国を選び取り、選んだ国に忠誠を示す以外に方法がなかった。真珠湾攻撃は、そんな二世たちに否応なく国を選択する機会を与えた。結果、ほとんどの二世はアメリカを選んだが、中にはアメリカを去り日本に行った者、アメリカで受けた差別の反動で反米主義に走った者、そして、竹宮帝次のように、望まぬながらも日本軍に徴兵された者もいたのである。

敵性外国人

手元に『Hawaii Goes to War』(DeSoto Brown, Editions Limited)という興味深い写真集がある。開戦前夜から戦時下のハワイの写真を掲載した一冊だが、これを見ると、真珠湾攻撃の朝に爆撃されたのが民家や商業ビル、農地や学校など一般人の生活領域にまでおよんでいたことがよくわかる。まるで、オアフ島全体がぼうぼうと燃えているといった印象だ。

ハワイでは、真珠湾攻撃が起きたその日の内に全島に戒厳令が敷かれた。夜間は、屋内外ともに照明が消され、外出も禁じられた。あの美しいワイキキビーチにも終戦まで有刺鉄線が張られていたし、短波ラジオやカメラは戦時禁制品、酒とガソリンも配給制になった。その上、日本軍がハワイに侵攻し米札を収奪したら全米経済が麻痺するということで、米札を大量焼却、新ハワイ札を刷ることとさえした。

日米開戦時、ハワイには全人口四十二万人のおよそ四割、十五万八千人の日系人が在住していたが、彼らの暮らしも一変した。再びダニエル・イノウエ上院議員の回顧。「新聞は検閲されてところどころ伏せ字になり、日系社会では、『アメリカ人になれ、英語を話せ』という看板が林立しました」

飛行機がアリゾナにダイブしたのを見たサダオ・ニシハマ（前出）も、「今まで和服と草履姿だった一世のおばあちゃんたちが、あの日から洋装で靴をはき出した」と語る。「神社や寺はもちろん、日本語学校も閉鎖されました。日本名は危険ということで、苗字や名前を米国流に変える者も現れました。戦時を痛感したのは、小学校で全校生徒にガスマスクが配られた時です」

ガスマスクは小学生だけでなく、一九四二年（昭和十七年）一月から三月にかけて全島民に配布された。

二世兵の待遇も激変した。ハワイを含む全米で、第一次大戦後初の選抜徴兵制度が開始されたのは一九四〇年（昭和十五年）九月。二十一歳以上の男子（後に十八歳に変更）が対象だったから、二世の中でも早い時期に生まれた者はすでに徴兵されていた。ハワイにおけるその数は約二千名。彼らは、主に歩兵連隊に配属され、ナショナルガード（国土警備隊）の任務に就いていた。だが開戦後、日系兵は「1A（兵役適格者）」から「5A

ある分類中の「4C（敵性外国人）」、または「4F（兵役不適格者）」（年齢不適格者）」までとみなされ、日系人の新規入隊も中止された（選抜徴兵局が以上を正式決定したのは、翌年九月だが、開戦直後に各地の徴兵局に判断を委ねたため、実質的にこのような扱いとなった）。

当時、オアフ島のスコフィールド兵営に駐屯していたカズオ・ヤマネ（第二九八歩兵連隊、故人）によれば、

「真珠湾攻撃後すぐに日系兵は銃を取り上げられ、命令に従わなければ射殺すると機関銃を向けられました。その上、一般兵舎から遠く離れた所にテントを張って、そこに隔離されたんです。テント村には後に、ハワイ各島の日系兵も送られてきて日系兵だけで数カ月間暮らしました」

変化は学生にもおよんだ。開戦前、ハワイ大学の日系学生の中には、予備士官訓練（ROTC）を受けている者が三百十七名おり、開戦と同時にハワイ準州守備隊（当時ハワイは準州）の任を受けたが、約一カ月後に突然解任されてしまう。国に忠誠を示す道を閉ざされた学生たちは、即刻米陸軍に嘆願書を提出。陸軍はこれを認め、基地の工事や修復の仕事を与えた。学生たちは、自らを「大学必勝義勇隊（Varsity Victory Volunteers）」と名乗り肉体労働に勤しんだ。

この頃、日本軍は破竹の勢いで進撃を続けていた。一九四二年（昭和十七年）二月、ジャワ沖海戦、スラバヤ沖海戦に勝利、シンガポール陥落。三月、ビルマ、ラングーン占領、フィリピン軍司令官ダグラス・マッカーサー、オーストラリアに逃れる――。

日本軍の快進撃に、米首脳部は本気でハワイやアメリカ本土への侵攻を危惧し始めた。そんな五月、ミッドウェイ島とアリューシャン列島に日本軍が大規模攻撃を仕掛けるという情報が入る。ミッドウェイ島は、ホノルルの北西わずか二千キロ。もしも、日本兵がハワイに上陸したら日系兵と見分けられるのか？

米軍は緊迫と不安の中、判断を迫られていた。

ワンプカプカ、ハワイ「第一〇〇歩兵大隊」誕生

六月五日（米時間四日）、日本の連合艦隊がミッドウェイ島への総攻撃を開始した。島攻めをする日本海軍（連合艦隊司令長官・山本五十六）と迎え撃つ米海軍（米太平洋艦隊司令長官・チェスター・ニミッツ）、日米の一騎打ちは七日まで続いたが、日本海軍の惨敗に終わ

る。これで戦局は大転換、以降日本は、坂を転がるようにジリ貧に追い込まれていく。

実はミッドウェイ海戦に先立つ五月末、米陸軍は、スコフィールド兵営に二世兵だけの部隊、「ハワイ臨時大隊」を編制していた。そして海戦が始まると、即その翌日、同大隊千四百三十二名を秘密裏にホノルル港から出港させた。

「家族に面会する時間もなく手紙だけを送りました。行く先もわからず、収容所にでも送られるのだろうと誰もが思っていました」

出発時をこう思い出すのは、開戦前にハワイ島で徴集され、第二九九歩兵連隊、ナショナルガードを経て、当時スコフィールド兵営でテント村生活四カ月目を迎えていたテッド・ハマス（九十三歳）だ。

六月十二日、ハワイ臨時大隊、太平洋を越えてカリフォルニア州オークランド到着。

「そこで、『君たちは第一〇〇歩兵大隊だ』と発表されたんです。それから三組に分けられて、列車も経路も別々に内陸部を移動しました。人々が日本兵と間違えたらパニックを起こすということで、極秘扱いの移送です。だけど、第一〇〇歩兵大隊と言われてもこちらは半信半疑で、収容所行きを疑わなかった者が多かったですよ」

三本の軍用列車が着いた先は、ウィスコンシン州のマッコイ基地。危惧した収容所ではなく訓練基地だった。第一〇〇歩兵大隊を率いる大隊長にファラント・ターナー中佐、その部下にも白人将校が続いた。

第一〇〇歩兵大隊の編制は変則的だった。通常、米陸軍の大隊は本部の他に四つの中隊から成るが、同大隊にはA中隊からF中隊まで六個中隊があった。また、第一〇〇歩兵大隊の正式名末尾には「セパレート」の文字が付くが、これは親となるべき連隊や師団がないことを意味する。つまり日系部隊は、良く言えば素早く動かせる「自由な駒」、悪く言えば「孤児」の存在だった。

このことや、ハワイ〝臨時〟大隊という名称からも察せられる通り、米軍はハワイ二世の扱いに苦慮した。そこで、とりあえず彼らをアメリカ本土に送り、後のことはいずれ考えるという曖昧な判断を下したのである。

第一〇〇歩兵大隊を、二世兵自身は「ワンプカプカ」と呼んだ。プカとはハワイ語で穴やゼロを意味する。ワンプカプカの名は陸軍全体に知れ渡るほどの軍功を残すが、それはもう少し後の話。また、マッコイ基地には、日系部隊に続いてテキサスから大部隊が到着したが、ふたつの部隊が、米陸軍史に残る救出劇を演じるのも数年後のことである。

第一〇〇歩兵大隊は、マッコイ基地で約半年間の基礎訓練を受けた後、南部ミシシッピー州のシェルビー基地や、ルイジアナ州の湿地帯に移動しさらなる訓練を続けた。

ところでこの期間、B中隊から二十五名が選ばれて、仲間の日系兵にすら内緒で姿を消している。消えた彼らに与えられたのは、信じられないほど差別的な任務だった。二十五名のひとり、ホノルル出身のレイモンド・ノサカ（九十六歳）が証言する。

「マッコイ基地にいた時でした。任務を伝えられないまま、突然メキシコ湾上のキャット島に送られました。その島で命じられたのは、軍用犬を出血するまで叩くこと。そうすることで、犬が我々の匂いを覚え憎むように仕向けたのです。その上で、上官は犬に向かって怒鳴りました、『あいつらを殺せ！』とね。防具は着けていましたが、完全に犬の〝生き餌《え》〟。陸軍は、日本兵にだけ食いつく軍用犬を育てようとしていたのです」

最終的にこの計画は「効果不明」で実行には移されなかったが、二十五名の二世兵は四カ月間、「犬の生き餌」としてメキシコ湾の小島に閉じ込められた。

同様の侮蔑的扱いは、後年、東海岸、メリーランド州のリッチー基地でも起きている。欧州戦で負傷後、四四年末に同基地に送還されたノーマン・イカリ（九十三歳）が怒りを込めて語る。

「二十名の二世兵が集められ、『日本の軍服を着て日本軍の武器を持ち、太平洋に出征するアメリカ兵の前で行進しろ』と命じられたのです。要するに生きた見本ですよ。『それが負傷兵である君たちにできる唯一の国への忠誠だ』と。しかし、僕らはれっきとしたアメリカ兵。日本兵の真似をして『バンザイ！』なんて叫べるもんですか。全員で断固拒否しましたが、その後リッチー基地で、日本の軍服を着た二世兵を目撃したことはあります……」

第三章　日系人強制収容所

真珠湾の場所さえ知らなかった

真珠湾が攻撃された時、アメリカ本土はどんな状況だったのだろう?

「日曜日の午後だった。何も知らずにロサンゼルスの繁華街で映画を見ていたんだ。すると突然劇場が明るくなって、日米開戦の場内アナウンスが流れた。映画はそれっきり中断、俺を含めて観客も三々五々引き揚げて行ったよ」

そう語るのは、ジョージ・皆勤賞・フジモリ。ハリー・フクハラ（前出）は、カリフォルニア州グレンデール市にいたが、週末のアルバイトで白人邸の芝を刈っていた。

「女主人が真っ青な顔をして裏庭に走って来て、『戦争だ！』と言いました。でも、私は何かの間違いだと思っていました。あの日は、夕方から宴会があったのでロサンゼルスの日本人街『リトル東京』に向かったんです。ところが、いつもは賑やかなリトル東京にまったく人通りがなく、車だけが猛スピードで走っていた。もちろん宴会は中止されました」

日米開戦を予期していた二世は少数派、大半の者にとって戦争は寝耳に水の出来事だった。そして誰もが口を揃えて言うのが、次のひと言である。

「真珠湾の場所さえ知らなかった」

あの日、ケンジロウ・アクネは兄とふたりロサンゼルスの下宿屋にいた。真珠湾攻撃は、同じ下宿にいた日系人労働者が教えてくれた。我が耳を疑いつつ外に飛び出すと、群衆が「スニーク・アタック（騙し討ち）！」と声を荒らげている。

「もしも戦争が真実なら、自分はこれからどうなるんだ？」

十八歳になるケンは、それまでに充分すぎるほどの苦労を味わってきた。サンフランシスコ郊外、ターラック村に暮らす一家を悲劇が襲ったのは、一九三三年（昭和八年）、ケンが十歳の時。母親が、出産時に赤ん坊ともども亡くなってしまったのだ。子どもは全部で九人。父が男手ひとつで養うのは不可能だった。同年、一家はアメリカを引き払い、鹿児島にいる母方の祖母の元に身を寄せる。

ケンにとっては初めての日本。小さな漁村、小湊（現・南さつま市加世田小湊）で、父は漁業に就き、ケンは尋常小学校に通った。日本語が不得手だったから、一年生の教室に入れられた。まわりはみんな六歳、大きな身体が恥ずかしかった。近所からも「米国どん」とからかわれ、家の中をのぞかれたりと不愉快な毎日だった。その上、漁師では一家を支えられないと悟った父と三歳上の兄は、ターラック村に戻って行った。

来日から五年。十五歳で小学校を卒業したケンも、父や兄を追って渡米、中学に通いながら農作業を手伝った。五年ぶりのアメリカに、今度はすっかり英語を忘れて逆の苦労をした。そんな矢先、日本から悲報が入る。鹿児島に残り幼いきょうだいを世話していた長姉が、十九歳という若さで過労死したという。そのため父は再度日本に戻り、ケンと兄だけが、ターラックに残って日本の家族に仕送りを続けた。

まるで孤児のような暮らし。当時は、たとえ一流大学を卒業しても日系人の就職先は限られていたから、中学しか出ていないケン兄弟にブルーカラー以外の仕事はなかった。

それでも多少なりとも実入りの良い職をと、兄弟でロサンゼルスの下宿屋に住んで庭師をしていた時に、二つの国が戦争を始めてしまった。

「日本の家族はどうなるのか？　今までだって、一家離散のような状態だったのに……」


開戦後、最初に動いたのはＦＢＩ（米連邦捜査局）だった。ＦＢＩは日本語学校教師、商工会役員、僧侶など日系社会の指導的立場にいた者や漁師を、「国益を脅かす危険な敵性外国人」として次々に検挙した。漁師が捕えられたのは、日本海軍との交信を疑われたためである。エドガー・フーバーＦＢＩ長官の報告によれば、開戦三日後までの日系人逮捕者はハワイを含む全米で千二百九十一名。二月一日、司法省は「ＦＢＩの調査では日系人によるスパイ行為はない」と発表したものの、その後も捜査は止まず、終戦までに五千四百三十八名（主に一世）が検挙、検束された（『羅府新報』四六年一月一日）。

動揺はまた中国系社会にも広がった。中国コミュニティは急遽「I am Chinese（私は中国人です）」と書いたバッジを作って配布したし、国民雑誌『ＬＩＦＥ』は、十二月二十二日号で「ジャップと中国人の見分け方」なる特集を組んだ。マスコミは日系人非難の大合唱で、暴動も頻発。開戦翌日すでに銀行預金も凍結されていた日系人の生活圏は、じりじりと狭められていった。

「大統領令九〇六六号」——シカタガナイ

マンザナは遠かった——。自宅のあるロサンゼルスから北に三百五十キロ、渓谷を縫うハイウェイを五時間、嫌になるほど走らせた果てに「マンザナ戦時下日系人強制収容所」（カリフォルニア州）の跡地はあった。背後にシェラネバダ山脈が連なる、七百三十五万坪の荒涼たる砂漠。大空には鷹が舞い、大地には砂塵が吹き荒れて、ピョンピョンピョン、強風のせいで球状にかたまった小枝や雑草が、まるで小動物のように跳ね回っている。アメリカは、よくもまぁ、こんな僻地に日系人を連行したものだと、改めて思う。

日系人人口が四割を越すハワイでは、地元経済が崩壊する危惧から実施されなかった「強制収容」（政府は「転住」と呼んだ）という強硬手段がアメリカ本土では採用された。マンザナは、中でも最初に建てられた収容所である（一九四二年三月二十一日〜）。米戦時転住局はその後、北はワイオミング州から南はアリゾナ州、西はカリフォルニア州から

砂塵舞う「マンザナ戦時下日系人強制収容所」。四二年七月。Dorothea Lange, WRA, National Archives

東はアーカンソー州と広範な地域に全十の収容所を突貫工事で造った。収容された日系人は約十二万人（本土全体の日系人人口は約十三万人）、内三分の二以上が二世だった。これらの本土収容所には、ハワイでＦＢＩに逮捕された千百十八名も拘留された。

現在、マンザナ強制収容所跡地には体育館を改造した博物館がある。館内に入ると、全一万千七十人の収容者の名が刻まれたコーナーが目に入った。マンザナには、主にロサンゼルス周辺の人々が収容された。だから「もしも、ロサンゼルス出身の竹宮帝次がアメリカにとどまっていたら、彼の名前もここに刻まれていただろう」……私が、そんなことを考えながらぼんやり佇んでいたら、

「これが、十カ所のひとつにすぎないんですからねぇ」
横にいた来館者、年配の日系人が、話しかけるでもなくつぶやいた。

一九四二年（昭和十七年）二月十九日、ルーズベルトは「大統領令九〇六六号」に署名。これにより、陸軍長官と指揮官が、「国防上危険と見なした人々」を指定区域から立ち退かせることが可能となった。

四日後の二月二十三日、サンタバーバラ近くの精油所を日本の潜水艦が砲撃。二日後、米海軍は、ロサンゼルス湾に浮かぶターミナル島の日系人に「四十八時間以内の立ち退き」を命じた。同島には、主に和歌山県出身の三千五百名からなる日系漁村区があったが、この軍令で一瞬にして島から日系人の姿が消えた。

続く三月二日、ジョン・デウィット西部防衛兼陸軍第四軍司令官は、太平洋岸のオレゴン、ワシントン、カリフォルニア各州の西部と、アリゾナ州南部を「第一軍事区域」に指定。ここに居住する日系人に対し、「自発的立ち退き」を布告した。

しかし、「自発的立ち退き」は遅々として進まず、同月二十四日、陸軍は、海軍無線電信所があるシアトル、ベインブリッジ島の日系人二百二十七名を集団強制収容第一号に指定、後日マンザナに送り込んだ。

三月二十七日、日系人に対し軍事区域の「夜間外出禁止令（午後八時〜午前六時）」、および自宅から八キロ圏外の「外出禁止令」。同時に、デウィット司令官は、「軍事区域に居住する日本人の血が十六分の一以上流れている者は、二十九日以降、陸軍の許可なく転居できない」と宣言した。つまり、この日までに自発的に立ち退かない限り、強制収容に踏み切るということだ（念のために述べると、軍事区域外に住んでいた日系人、たとえばニューヨークやシカゴの人々は転居の必要がなかった）。

日系人の強制収容に関しては、一世だけでなくアメリカ人である二世をも対象としたこと、同じ敵国であるドイツ、イタリア系には実施しなかったこと、この二点だけでも批判を免れることはできない。だが三月二日以来、陸軍が立ち退きを警告していたのもまた事実である。それなのに、どうして日系人はその場に居続けたのだろう？

「だって、どこに行けっていうんだよ？」

リトル東京の隣町にとどまり、マンザナに収容されたジョージ・フジモリが口を尖らせた。同じ境遇のアーチー・ミヤタケ（八十七歳、写真家、宮武東洋の長男）は、日系人の思いをこう代弁する。

「知らない土地に行ってもどうにもならないし、怖いし。第一、預金を引き出せないからお金もなければ、ＦＢＩに大黒柱を引っ張っていかれた家族も多く、みんな日々の暮らしでいっぱいだったんですよ。なかには思い切って越して行った人もいたけれど、州境で妨害されて舞い戻って来たりね。それでますます、こんな非常時こそ日系人同士、身を寄せ合って生きていこうとなったわけです」

その結果、期限までに軍事区域から移住した日系人は四千八百八十九名のみ。彼らの移住先は、コロラド州とユタ州に集中したが、日系人を全面的に擁護したコロラド州知事ラルフ・カーは、その年の上院議員選挙で落選の憂き目にあっている。

陸軍は、宣言通り三月二十九日以降、地区ごとに立ち退き日を通達していった。それはすなわち、強制収容所行きを意味した。通達日から立ち退き日までは、平均わずか一週間。収容所に持参できるのは生活必需品に限られ、また連邦準備銀行も「不在中の土地管理に関して一切責任を持たず……他者への譲渡」を推進したから、家財道具はもとより、家をも二束三文で処分せざるをえない者が続出した。

立ち退きの日、人々は家族番号の書かれた札を服や荷物に付けて、小学校や駅などに集合した。そこからバスや列車で連行されたのは、競馬場や家畜場他を改造した仮収容所（アセンブリー・センター）。本収容所は、いまだ建設の途上にあった。

この頃、開戦後の混乱を避けて昔馴染みのターラック村に戻っていたケン兄弟も、カリフォルニア州メルセッド仮収容所に向かっていた。

「僕たちは、自分の車を運転して仮収容所に行きました。シカタガナイ。良きアメリカ市民として、政府の方針に素直に従ったということです」

日系人全体の立ち退きが完了したのは八月八日。人々は仮収容所から順繰りに本収容所に移されたが、ケン兄弟も八月、コロラド州南東部アマチのグラナダ強制収容所に送られた。グラナダもまた、マンザナ同様砂漠の僻地にあった。

収容所とは、いったいどんなところだったのだろう？

強制収容といっても、所内には、病院や学校の他に、野球場や体育館などの慰安施設があった。それに、家賃、食費、医療費は無料で、被服費や所内での労働に賃金（医師など専門職一カ月十九ドル〜調理場など作業労働十二ドル）も払われたから、「渡米以来の貧乏暮らしよりまし」と、安堵した家族もいた。

だが、収容所は有刺鉄線と監視塔で囲まれ、塔に立つ米兵たちの銃は〝内側〟に向けられていた。住居も長屋式バラックで、七、八名が五十平米程度のひと間に暮らした。その狭い部屋に用意されたのは、ダルマストーブと裸電球、粗末なベッドだけで、食堂や水回りは共同。だから、「いつもうんざりするような行列」（ケン）ができた。特に屈辱的だったのはトイレで、初期には仕切りさえなく十人ほどが一緒に用を足したという。

それでも「シカタガナイ」と、ケンは言う。けれども、だからといってあきらめるのではなく、日系人は地道に室内を直し、戸外に日本庭園を造るなどして環境を改善していった。

また歳月が経つと、品行方正な収容者の所外勤労、転居、通学も認められ、ケンも時に、付近の農家に住み込んで農作業に従事した。

番号札を付けられて強制収容所に送られる日系家族
Dorothea Lange, WRA, National Archives

一方、政府の不正を収容所から告訴する二世も現れた。最高裁が判決を下したのは四四年（昭和十九年）十二月十八日。「立ち退きは戦時の大統領権限として合憲だが、自由を奪うのは誤りなので収容所から解放すべき」という内容だった。四五年一月二日、「強制立ち退き令」廃止。十の収容所はひとつまたひとつと閉じられ、四六年三月二十八日に強制収容に終止符を打った。

雑用係になったアメリカ本土兵

開戦後、ハワイの日系兵が４Ｃ（敵性外国人）や４Ｆ（兵役不適格者）に降格され、二世の新規入隊も中止されたことはすでに書いた。同じことはアメリカ本土でも起きている。開戦前、本土で徴兵された二世兵は約千名。そのひとりで、「小学校では隔離された」と語ったススム・イトウは、軍隊でも同じ目に遭っている。

「徴兵されたのは、開戦の約一年前。あの頃はまだ呑気でね、駅に日系人が百名も集まって万歳三唱で送ってくれました。そういう二世兵は多いですよ。もっとも、周囲から変な目で見られるということで、この慣習は後に止めたそうですが。万歳までされたというのに、入隊すると掃除や草刈りといった雑用ばかり。開戦後は銃まで取り上げられて、とても兵隊とはいえなかった。そのうちに砲兵訓練が始まりましたが、僕ら二世兵だけが隔離されました」

いくつかの基地を回された後、イトウはミシシッピー州シェルビー基地に送られた。当時陸軍は、日系兵を太平洋から遠く離れた南部に集めていた。

一方、「雑役兵という兵隊」にさえなれない二世は各地で会合を重ねていた。四二年十一月末、収容を免れた二世がユタ州ソルトレイクシティに結集、二世の兵役復帰を求める請願書を大統領に提出する。これは、政府にとって渡りに船の願い出だった。二世の入隊を中止したものの、実のところ欧州戦用に「消耗部隊」が必要だったのである。

二カ月後、陸軍省は既存の二世兵を4Cや4Fから「1A（兵役適格者）」に戻し、ハワイの第一〇〇歩兵大隊とは別に、日系兵だけから成る「第四四二連隊戦闘部隊」の発足を発表した。

この時、ルーズベルト大統領が出したコメントは次の通りだ。

「合衆国市民は祖先にかかわらず、市民権にともなう責任を果たす民主的権利を否定されない。……すべての忠誠なる米国市民は、祖国に奉仕する機会を与えられるべきだ……」

「大統領令九〇六六号」に署名した当の本人の掌を返したような発言に、二世の反応は「偽善的詭弁」と憤慨する者と、「暗闇から再び日なたに出してもらえた」（ダニエル・イノウエ）と歓迎する者の二手に分かれた。

四三年（昭和十八年）二月一日、ミシシッピー州シェルビー基地にて第四四二連隊戦闘部隊誕生。主力は本土の既存兵で、陸軍はさらに四千五百名の志願兵を募った。

忠誠登録

マンザナを訪ねた時、不思議に思った光景がある。岩やコンクリートの所々に、「大日本帝国万歳」や「打倒英米」といった文字が刻まれていたのだ。なんだか暴走族のスプレー文字みたいだった……。

方針変更した陸軍と、戦時転住局は間髪容れずに十七歳以上の男女全収容者の「忠誠登録」を開始した。忠誠登録とは一種の思想調査で、主な目的は、第四四二連隊の志願兵と、近い将来に再開する日系人徴兵のためのスクリーニングにあった。調査は、生年月日、職歴、外国語能力など二十八の質問から成ったが、重要なのが二十七番目と二十八番目だった。

＊二十七「あなたは、命令されればどこであろうとすすんで、米陸軍兵士として戦闘任務に就きますか？」
＊二十八「あなたは、アメリカ合衆国に無条件で忠誠を誓い、外国または国内勢力のいかなる攻撃からもアメリカ合衆国を忠実に守り、日本の天皇や他の外国政府、勢力、組織への忠誠や服従を拒否しますか？」

忠誠登録は、元々収容所内に存在した「忠米派」と「忠日派」の対立に火を点けた。「こんなところに入れておいて何が忠誠だ！」というのが忠日派の言い分だったが、彼らの怒りは、政府だけにとどまらず同胞にも向かってしまった。忠日派は、忠米派の食堂席に「アメリカの犬」の札を立てたり、吊し上げをしたりと過激化していった。例の文字は、そんな忠日派が書いたものだった。

結果として、大多数の収容者は二十七番と二十八番にイエスと答えた。逆に両方にノーと答えた者は、ツールレイク隔離センター（カリフォルニア州）に転居して行った。これらの二世は「ノーノーボーイ」と呼ばれたが、ノーノー組には一世も多かった。それ故、イエスと答えた子どもと別れ別れになった老父母も少なくない。

強制収容所に送られる母を訪ねた二世兵
Dorothea Lange, WRA, National Archives

前出のアーチー・ミヤタケは「口には出さなくとも一世の心はいつも忠日派だった」と言う。

「一世はみんな、日本の勝利を信じていましたよ。禁制品の短波ラジオで大本営発表を秘かに聴いては、勝ち戦に歓喜していました。だから終戦の日には、玉音放送を聴いた一世たちが、男泣きに泣く声が収容所にこだましたんです」

ノーノー組が収容されたツールレイクは、元々一般の強制収容所だったが、忠誠登録後ノーノー組専用になり、日本への帰国希望者を含む一万八千七百八十九人を収容した。

「日本贔屓《びいき》の父の意向に家族で従った」と言うトシコ・ハマダ（八十五歳）によれば、ツールレイクの生活はこうだ。

「あそこでは日の丸も掲揚したし、日本語学校もありました。ハチマキを巻いて日本軍式の体操やランニングをする人も多かった。わっしょいわっしょいって叫びながらね（笑）」

信じられない話だが、他にも幾人もが同じ証言をしている。信じられないといえば、ノーノー組の中には、戦後になっても日本の勝利を疑わなかった者もいた。ブラジルのいわゆる「勝ち組」は有名だが、アメリカにも勝ち組は存在したのだ。

忠誠登録後、陸軍は着々と第四四二連隊への志願者を選別した。また、この年後半には陸軍女子部隊（WAC）が日系人に門戸を開放。そして、四四年（昭和十九年）一月、陸軍は日系人の徴兵を再開する。兵役復活で収容所と戦地の距離は一気に縮まり、ひとりまたひとりと二世が入隊、出征して行った。

ある匿名の日系人（九十四歳）が語る。

「出征前、収容所に家族を訪ねました。戦地に行くと伝えると、母は膝からくずおれて泣きました。きっと私が戦死すると思ったのでしょう。日系兵は『弾よけ』と噂されていましたから。みすぼらしいバラックで泣いていた母……私にとっては、真珠湾の時より悲しい思い出です」

幸い、この男性は生きて帰還したが、各地の収容所では、米国に拘留された親が、米国のために死んだ息子の戦死通知を受け取るという矛盾に満ちた光景が繰り返された。

「第四四二連隊戦闘部隊」――あいつがやれば僕もやる

「第四四二連隊戦闘部隊」志願兵募集の報を受け、ハワイでは二世が徴兵局に殺到した。陸軍は当初、志願兵四千五百名の内訳を本土三千名、ハワイ千五百名と想定したが、ハワイで一万名近い二世が志願したため、最終的に当初予定の倍近い二千六百八十六名の入隊を認めた。

「♪あいつがやれば僕もやる　見てろ今度の激戦に
　タンクをひとつ分捕って　ラジオニュースで聴かすから
　待っててください　おかあさん」

この時、ハワイで志願したドン・セキ（八十八歳）に応募の理由を尋ねると、セキはいきなりこの唄を口ずさんだ。上原敏の『上海だより』、昭和十三年、日中戦争の頃のヒット曲である。前に私は、初めて「ゴー・フォー・ブローク全米教育センター」を訪ねた時、片腕を失った人がいてどきっとしたと書いたけれど、セキがその人だった。

セキは福島出身の両親のもと、ホノルルの砂糖キビ・プランテーションに生まれた。貧しく閉ざされた社会で、他に知り合いといえば「魚や米、豆腐を売りに来る行商人だけ」だったという。長じて、日系人が多く通うため「トーキョー高校」の異名があったホノルルのマッキンレー高校を卒業。エンジニアとして働いていた時に戦争が起きた。「志願兵募集と聞いて、すぐに頭に浮かんだのが『上海だより』。男子恬然《てんぜん》を恥ず、だ。白人たちが出征するのを指をくわえて見ているのは、若者として恥ずかしかった。♪あいつがやれば僕もやる——ってことさ」

マッキンレー高校には、セキの一年後輩にダニエル・イノウエがいた。イノウエは当時、ハワイ大学医学部進学課程に在籍中だった。

「大学の講堂に陸軍大佐が来て、二世に志願資格があると発表しました。その途端、学生は雄叫びを上げると、一団となって徴兵局へ走り出しました。私も全速力で駆けましたよ。局までの五キロを、数珠つなぎになって押し合いへし合いしながらね。真珠湾上空に日の丸を付けた一番機が現れた瞬間から、我々二世は、背中にびっしりと罪悪感を背負った。それを返上するために志願したのです」

こう話すイノウエもまた、片腕がない。

二世兵出征壮行会。四三年三月二十八日、ホノルル、イオラニ宮殿前広場にて。the Honolulu Star-Advertiser

二世の志願が始まると、ハワイの街角では千人針にひと針をと協力を求める日系婦人の姿が目立つようになった。三月二十八日には、イオラニ宮殿前広場で壮行会も開かれ、「一万五千人から一万七千人が集まり、かつてないほどの群衆で埋め尽くされた」（『ホノルル・スター・ブレティン』紙、一九四三年三月三十日）。

一方、本土の収容所では陸軍の原案、三千人に対し志願者は千百八十一名にすぎなかった。やはり、収容所に入れておきながら志願を募るという矛盾が響いたのだ。それに、もし自分が戦死したら、財産も土地も失った両親はどうなるのかという不安も二世たちの頭をよぎった。しかも忠日派の勢力も強く、郷土の誉れと讃えられたハワイと違い、大方の本土二世にとって、志願は一種後ろめたさの拭えない行為だった。「収容所を発ったのは、まだ夜明け前の暗い内」と語る志願兵は多い。彼らは、騒動を避けてこっそりと旅立ったのだ。

四月中旬から五月中旬にかけて、志願兵たちはミシシッピー州シェルビー基地で、二月に本土の既存兵で編制した第四四二連隊戦闘部隊に合流した。

その地でまず彼らを驚かせたのは、同州の差別政策だった。ミシシッピーでは当時、公共の場で白人と黒人が同席することが禁じられていた。バスも映画館も座席は別、トイレも同様だった。二世兵はここで白人待遇を受けたが、生まれて以来差別に苦しんだ身としては複雑な気持ちになった。

第四四二連隊はそれから一年余り、長期の野営、寒冷地や雨中の戦闘訓練、不眠不休の行軍など厳しい軍事基礎訓練を受ける。二世兵の成績は極めて優秀だったが、ひとつだけ重大な問題を抱えていた。ハワイ兵と本土兵が不仲だったのだ。

理由のひとつは言葉にあった。ハワイ兵が話すのは、プランテーションで生まれた「ピジン英語」。これは、本土兵には野卑で下品に響いたし、第一何を言っているのかわからなかった。反対に本土兵の標準英語は、ハワイ兵には、自分たちをさんざんこき使ったハオレ（白人）の忌むべき英語に響いた。それに何より最大の違いは、本土兵が収容所から来たという現実だった。それなのに、ハワイ兵は収容所の存在すら知らされていなかった。

そこで上層部は、週末にハワイ兵にジェロームやロウアー（ともにアーカンソー州）の収容所を訪問させることにした。ハワイ兵のロナルド・オオバ（前出）が語る。

「外出ということで、行きのバスではウクレレを弾いたり歌ったり賑やかなもんでした。だけど、収容所を見たらみんなショックを受けてしまって。帰りの車内は静まり返っていました。後で聞けば、収容者たちは二週間分の配給を大事にためて、僕らにご馳走してくれたんです。本土兵は、あんなひどい境遇から〝志願〟したのだと尊敬の念が生まれて、それ以降わだかまりはすっかり消えました」

後に米陸軍史上最強と呼ばれる部隊の足並みが、ようやく揃おうとしていた。

第四章　陸軍情報部（ＭＩＳ）語学兵

日本語情報兵を必死に育てたアメリカ

マッカーサーは、かつて日米戦についてこう語った。

「陸軍史上、これほど敵を知り抜いた上で戦った戦争はない」

敵を知り抜く、その役割を果たしたのが陸軍情報部（MIS = Military Intelligence Service）の語学兵たちだった。戦時中日本は敵性語として英語を禁じたが、アメリカは逆に、必死になって兵士に日本語を教育した。情報語学兵の核になったのは二世兵である。マッカーサーの情報参謀、チャールズ・ウィロビーは言う、「日系兵は百万の米国人の命を救い、戦争を二年縮めた」と。さらに、終戦間近にルーズベルトの病死で大統領となったトルーマンも、「二世は我らが秘密兵器」と賞賛を惜しまない。

トルーマン大統領の言う通り、語学兵の存在は長い間軍事上機密扱いだった。それが解除されたのは、ニクソン政権下の一九七三年（昭和四十八年）。戦後三十年近く経ってようやく情報開示を許された彼らの話から、日本攻略の二本柱が「暗号解読」と「捕虜情報」だったことが判明した。

米陸軍が、日本語情報兵の養成を本気で考え始めたのは、日米交渉が決裂の様相を帯びた四一年（昭和十六年）夏。陸軍省軍事情報部極東課は、第四軍内に語学学校を創設することを決定し、同軍ケイ・ラスマスン大尉がその任にあたった。ラスマスンは、三六年（昭和十一年）から四年ほど米国大使館駐在武官として日本に滞在した、陸軍でも数少ない日本通だった。彼は早速、三千七百名の二世を面接、人材確保に着手する。

ところが意外なことに、一定の日本語能力がある二世は全体の一割にすぎなかった。会話はともかく、漢字の読み書きなど高度な日本語となると話は別だったのだ。ラスマスンは、一割の中から選りすぐりの二世、五十八人を語学学校第一期生に選抜、さらに一兵卒の二世、ジョン・アイソを教育主任に抜擢した。

アイソは、二世の中でも飛びきりのエリートだった。一九〇九年（明治四十二年）ロサンゼルス郊外に生まれた彼は、日本では成城学園と中央大学で、アメリカでは東部の名門ブラウン大学と、二世としては初めてハーバード・ロー・スクールで教育を受けた。その後、ウォール街や満州で弁護士として働いたが、四一年春以来兵役に就いていたところを、ラスマスンにスカウトされた。

「第四軍語学学校」は、真珠湾攻撃の五週間前の四一年十一月一日、サンフランシスコ、プレシディオ陸軍基地内に極秘に開校された。学校とはいえ予算はたったの二千ドルだったから、教室は古い格納庫で、当初は机や椅子も果物箱を利用した。学生たちは目的を告げられぬまま日本語の特訓を受けたが、その中には二世の他に、日本居住歴のあるふたりの白人兵の姿もあった。

海軍が日本へ語学将校を派遣し始めたのは、それよりずっと以前、一九二〇年（大正九年）のことである。日本語将校第一号はエリス・ザカリアス大尉。彼は後に、終戦間際、アメリカ本土から流暢な日本語で降伏を説得した「ザカリアス放送」を流した。

海軍からは、四〇年までに六十五人が米大使館付語学将校として来日している。

開戦直前の四一年十月、海軍もカリフォルニア州立大学バークレー校とハーバード大学内に日本語学校を開校した（翌年二校は統合し、コロラド州立大学ボールダー校に移動）。陸軍同様極秘扱いだったが、決定的に異なるのは白人学生のみを募集し日系人を除外した点だ。海軍日本語学校約二千名の卒業生には、二〇一二年（平成二十四年）日本に帰化した日本文学者のドナルド・キーン、エドワード・サイデンステッカー（後にコロンビア大学日本文学教授）、フランク・ギブニー（後にＴＢＳブリタニカ社長）、オーテス・ケーリ（後に同志社大学教授）などきら星のごとき名が並ぶ。

ところで海軍は、語学学校だけでなく終戦まで一貫して日系人を採用していない。日本人捕虜第一号、真珠湾攻撃の酒巻和男少尉を尋問した海軍諜報機関員にダグラス・ワダ他がいるが、彼らはあくまで例外だった。また、二世兵を採用した陸軍にしても花形の航空隊には門戸を開かなかった。飛行士として名を馳せた二世に、欧州戦で活躍後、Ｂ29で東京大空襲他、日本本土爆撃に参加したベン・クロキがいるが、これまた例外中の例外である。

拡大し続けた陸軍情報部語学学校

「kibei」という単語をご存じだろうか？　これは、ウエブスター大辞典にも載っている英単語で、kibei イコール「帰米」。「アメリカで生まれ、日本で教育を受けた後、アメリカに戻った日系人」をこう呼ぶ。一世には、母国の言葉や文化を学ばせるために二世を日本に送る慣習があった。「帰米」は、二世の約四分の一を占めるといわれるが、二世の中でも、日本語レベルが高いのはなんといっても彼らだった。当然、陸軍は「帰米」に注目し、既存兵だけでなく、収容所にも足を運び語学学校への入学を勧めた。

アマチ・グラナダ強制収容所にいたケンジロウ・アクネの元にも、陸軍の勧誘員がやって来た。四二年（昭和十七年）の歳の瀬。それは、ハワイ第一〇〇歩兵大隊が発足して半年後、第四四二連隊戦闘部隊が誕生する二カ月前のことだった。

ケンが当時の心情を語る。

「僕はアメリカ人。それなのに、徴兵もされず囲われていることに悔しさと怒りを感じていました」

だから、兄とともに迷わず語学学校に志願した。

「一世や忠日派の人々から、ずい分責められました。『親が日本にいるのに親不孝だ』

とか、『お前は、自分が米国人と思っているかも知れないが、アメリカはそう思ってないぞ』って。だけど戦時下です。僕ひとりが、日米関係を考えてもシカタガナイ。それに、この機会を逃したら、日系人がアメリカに忠誠を示すチャンスは二度と来ないと思ったんです。それでは、永遠に二等市民のままで終わってしまう。語学生が、いずれ戦場に送られることはわかっていました。僕らの内の何人かは帰郷できないかもしれない……それでも……」

ここまで話すと、いつもは穏やかなケンの顔が突然歪んで涙が頰を流れた。竹宮帝次のような号泣ではなかったが、静かで深い涙だった。

「ごめん。あの時のことを思い出すと、どうしてもこうなっちゃうんだ」

ケンと一緒に、アマチ・グラナダ収容所から語学学校に向かった二世は十六名。ケンとしては、「日本にいる弟たちは兵隊になるには若すぎる。兄弟で殺し合う事態はないだろう」と判断した上での志願だった。

ケン兄弟が送られたのは、ミネソタ州ミネアポリス近くのサベッジ基地である。ふたりは四二年十二月入学の三期生で、約四百名の同期には収容所組の他、すでにマッコイ

サベッジ基地の陸軍情報部語学学校
from "MISLS Album 1946"

基地にいたハワイ第一〇〇大隊兵もいた。

それより半年前、「第四軍語学学校」は陸軍省情報部直轄の学校に格上げされ、名称も「陸軍情報部語学学校（ＭＩＳＬＳ）」に変更、場所もサンフランシスコからミネソタに移動していた。その理由は、アリューシャン列島やガダルカナル島に送られた卒業生の活躍が目覚ましかったこと、学校が強制立ち退き指定区内だったことにある。ミネソタ州が選ばれたのは、人種間親睦が最も良好だったためだ。

サベッジの卒業生も数々の殊勲を上げた。そのため、当初は日系兵の忠誠を疑っていた前線も続々と派遣を要請。規模拡大を迫られた学校は、四四年八月、再び近隣のスナリング要塞《フォート》に越し、さらには、白人語学将校養成用にミシガン大学内に予科を設け、予科履修後スナリングに送るシステムも設けた。語学学校最盛期の生徒数は千八百三十六名。同校からは、戦後閉校するまでの間に二世兵五千名（含・WACの二世女子四十六名）、他人種兵千名、合計約六千名の卒業生が輩出した。

語学学校の学科は、日本語の翻訳や会話といった基本の他に、日本の歴史、地理、候文《そうろうぶん》、草書、日本軍用語、方言、尋問技術など専門分野にもおよんだ。授業は日中七時間、夜間二時間の一日合計九時間。語学生は、通常四年はかかる内容を六カ月の短期間で徹底的に叩き込まれた。それでも足りない者は、十一時の就寝後トイレに入って勉強を続けた。情報語学兵の任務は、地図や戦闘計画、将兵の日記や手紙の翻訳、解読、通信傍受、電話盗聴、投降勧告、捕虜の尋問などである。前線で獲得する書類や手紙は、泥や血、時に肉片までが滲んで「ジグソーパズルみたいだった」（ケン）し、日本兵には地方出身者が多く標準語が通じないことが多々あった。並大抵の日本語能力では任務を全うできないのだ。

猛勉強の末に日本語課程を修了すると、次いで語学生は一般訓練基地に送られた。射撃、野営、野戦、夜行軍など、前線で兵士として通用するに足る戦闘訓練を数週間受けるのだ。

四三年十月、全課程を修めたケンは十名編制のチームに配属された。語学兵は、師団や連隊に属さず独立の情報部隊として各地に派遣される。ケンは、北国ミネソタの地でじっと戦場に赴く日を待った。

二世兵は、命がけで日本兵に近づいた

連合軍は、戦中三つの大情報基地を持った。中でも最大は、マッカーサーがオーストラリアのブリスベンに置いた「連合軍翻訳通訳部（ATIS）」だった。ATISは南太平洋地域を担当したが、ピーク時には三千名の二世語学兵を抱え、終戦までに翻訳文書二千万ページを作成した。マッカーサー陸軍大将がオーストラリアなら、ニミッツ海軍大将はハワイ、ホノルルに「太平洋地域統合情報センター（JICPOA）」を設置、太平洋中部を統括した。さらに、インド、ニューデリーの「東南アジア翻訳尋問センター（SEATIC）」では、ジョセフ・スティルウェル米陸軍司令官が中国、ビルマ、インド方面に睨みをきかせた。

語学学校の卒業生は、同校教師になる者を除いてこれらのセンターか戦場に送られた。また、戦地では米軍だけでなく連合各国軍にも派遣された。情報語学兵というと、前線

ではなく後方活動のイメージがあるが、それは誤りだ。ビルマ戦線に派遣されたボブ・ホンダ語学兵の日記を引用しよう。

「われわれのまわりは、すべて日本兵だ……。彼らは昼間は眠り、夜は一晩中はいまわって、われわれを悩まし、眠らせないようにしている。……これはまさに地獄だ」

ホンダの別の日の日記。

「一一時三〇分、彼らは全力をあげて、わが軍を攻撃してきた。私はまったく自分の命を守るだけのために、撃ちまくった。敵を殺さなければ、こっちが殺られる。体中が震えたが、どうすることもできない。恐ろしいからだろうか、私にはわからない」(『ヤンキー・サムライ』J・D・ハリントン、妹尾作太男訳、早川書房)

マンザナ強制収容所から志願し、四四年末、フィリピンのルソン島に着任したジョージ・フジモリも怖い体験をしている。

「島で最初に目に飛び込んできたのは、切り取った日本兵の頭部でサッカーをする子どもたちだった」

フィリピンではゲリラが盛んに日本兵を討伐していたから、姿形が同じ二世兵は生命の危機に直面した。それに、味方の米兵から狙われないとも限らなかった。語学兵の存在が前線にいきわたらず、米兵や連合軍の兵士に誤って殺されたケースもあったのだ。

「だから、戦地には二世兵を護衛する白人兵が付いたんだ。俺にもふたりいたよ」

硫黄島で海兵隊に派遣された語学兵たち
from "Nisei Linguists", Dept. of the Army

語学兵の大事な任務のひとつは、日本兵に投降、つまり戦闘行為をやめさせ、降参させることである。しかし、これは逆襲される可能性の高い危険な行為だった。フジモリも、洞窟に立て籠もる日本兵から手榴弾を投げられ傷を負った。

「ヘルメットに穴があいて血がだらだら流れてきた。ふらついている間に、百メートルの崖から落ちてかかとに大怪我さ。だから、今でも俺は変な歩き方をするんだ。日本兵に呼びかけても出てこない時は、仕方なく戦闘部隊が火炎放射器を使うこともあった。一度、焼け焦げだらけの日本兵が洞窟から出てきてね、煙草をあげると『ありがとう』と日本語で言って、そのまま息を引き取ったよ。かわいそうだった……」

洞窟や防空壕といえば、思い出されるのは栗林忠道陸軍中将が率いた硫黄島戦だが、ここにも百名近くの二世語学兵が海兵隊付で出陣している。先に書いたように、海軍は日系人に扉を閉ざしたが、海兵隊に派遣された二世兵は大いに力を発揮したのだ。

「二世兵は、ギリギリまで敵の懐に接近した。たくさんの二世兵が負傷し、さらに命を落とした。我々は、彼らの英雄的行為をしっかりと記憶するべきだ」

『硫黄島の星条旗』で有名な写真家、ジョー・ローゼンタールの言葉である。

スパイ、暗号解読、二世は人間秘密兵器だ

敵の懐に入るという点で、リチャード・サカキダほど大胆な行動をした米兵もいないだろう。彼はなんと、日本軍と同じ釜の飯を食った男なのだ。

サカキダは、一九二〇年（大正九年）ハワイ出身。戦前の四一年三月、陸軍に入隊すると情報機関に配属された。彼に与えられた軍務は、マニラ在留日本人の情報をマッカーサー・フィリピン軍司令官（当時）に届けることだった。サカキダは「徴兵逃れの船

乗り」の触れ込みで、マニラのシアーズ百貨店に勤める。

しかし、フィリピンは真珠湾攻撃のその日の空襲を皮切りに、日本軍に侵攻され、追い詰められたマッカーサーは四二年三月十一日、籠城中のコレヒドール要塞からオーストラリアに逃れて行った（「アイ・シャル・リターン」は、この時発表した談話）。

一方、フィリピンに残ったサカキダは、日本軍にスパイ容疑で捕らえられた。半年余の拘留中は度々拷問を受けたが、情報部員の身分を隠し続け「日本のために働く」という条件で恩赦。第十四軍司令部の通訳に任命された。

こうして日本軍の懐に入ったサカキダは、機密文書を入手しては、フィリピン・ゲリラを通じてオーストラリアの連合軍総司令部に送り続けた。マニラ湾の日本軍輸送船が、次々と連合軍に撃沈されたのはそれ故だった。日本が劣勢に回った後も彼は司令部に残り、〝マレーの虎〟、山下奉文《ともゆき》大将と行動をともにした。

戦後、山下が戦犯としてマニラの軍事法廷で裁かれた際、〝検察側の証人〟の中にサカキダの姿があった。マレーの虎の驚きはいかほどだっただろう。

サカキダほどの派手な動きではないが、二世語学兵は各地で着々と諜報、傍受、暗号解読を続けていた。

「戦場で獲得した資料は、二十四時間から一週間以内にすべて現ペンタゴン（国防総省）にあたるワシントンＤＣの陸軍省に送られてきました。陸軍省で統合的分析と対策を立てたのです。また、質量ともに戦地で処理できない重要書類も翻訳しました」

と、米軍の情報処理システムを説明するのは、陸軍情報部語学学校から陸軍省に送られた数少ない二世語学兵、ジョージ・コシ（故人）だ。一九一一年（明治四十四年）コロラド生まれの彼は、十年間日本で教育を受けた「帰米」で、デンバー大学法学部を卒業後、コロラド州立大学ボールダー校の海軍日本語学校で教えたこともある英才だった。

「資料の中でも一級なのが日本軍が作成した地図です。あれで部隊配置がつかめるから、兵力や計画を解読できるんです。最も印象的だったのは硫黄島。我々はあらゆる資料を入手していました。だから、日本はもう攻撃する余力のない絶望的状況であり、徹底的な防衛戦でくるとわかっていました。硫黄島の資料は私自身も大分、翻訳、分析しましたよ。そして、その結果を逐次前線に送ったのです」

アメリカには、最前線や捕虜収容所から軍中枢部にいたる情報網が、がっちりと構築されていたのだ。太平洋諸島で米軍が劣勢挽回、反攻に転じられたのも、山本五十六連合艦隊司令長官の搭乗機がブーゲンビル上空で撃墜されたのも（四三年四月十八日）、山本を引き継いだ古賀峯一連合艦隊司令長官による「海軍（新）Z作戦」が解読されたのも（四四年五月末）、すべてその陰には〝米軍の秘密兵器〟、二世語学兵の暗躍があったのである。

余談ながら、米軍はラバウル基地で日本の高級参謀が〝行書体〟で書いた一通の文書も入手している。それは慰安婦の利用時間割で、米軍はこれをも徹底分析、高級将校が慰安所にいる時間帯を割り出して空襲した。文書を翻訳、分析したのはもちろん二世語学兵だった。

ベルリン潜入、日本文書奪取計画

「味方のベルリン空襲に乗じて、空から落下傘で市街に降下し、日本大使館から重要機密文書を奪え！」

二世の中には、こんなスパイ映画のような指令を受けた語学兵もいた。ホノルル生まれのカズオ・ヤマネ。氏の発言は、開戦後のハワイ日系兵の項でも紹介したが、ヤマネはその後、第一〇〇歩兵大隊、陸軍情報部語学学校を経てコシ同様、首都の陸軍省入りした。ヤマネの日本語は一頭地を抜いていた。それもそのはずで、彼は戦前早稲田大学商学部に学んでいる。「帰米」といっても日本の小中学校で学んだ者が大多数の中、高等教育を受けたヤマネの日本語能力は別格だった。

「陸軍省から、リッチー基地の太平洋軍事情報調査機関（PACMIRS）に配属されました。忘れもしない、四四年末、ホノルルの情報センターから大きな木箱十五個もの文書が届けられたんです。文書は湿ってカビだらけだったけれど、その中に日本陸軍の『兵器目録』を発見しました。兵器の所在、状況、数量どころか、製造工場名まで書いてあった。宝の山でした。これが、B29による本土攻撃の格好の材料になりました」

首都周辺には他に、在ドイツ日本大使館と大本営や外務省との交信を盗聴、解読する二世語学兵もいた。要するに日独交渉が筒抜けになっていたわけで、悪い冗談のような話だが、ヒトラーの作戦を東條英機より先に、ルーズベルトやトルーマンが知っていることも珍しくなかった。

このように、米軍は独日情報にも目を光らせていた。四五年二月、ヤマネを含む三名の二世語学兵は秘密命令書を渡される。命令書の通り指定場所に行くと、今度は別の命令書が待っている――そんなことを繰り返す内に、三名はフォート・トッテン基地（ニューヨーク州）でＣ54輸送機に乗せられた。機内には他に、陸海軍の白人将校各一名が同乗したが、その内のひとりが最終命令書を開封したのは、搭乗機が夜のニューヨークを離陸した後のこと。

「命令書には、連合国派遣軍総司令部があるフランスのヴェルサイユに行き、特別奇襲隊と訓練を受けよと書いてありました。最終的なミッションを我々が知ったのは、ヨーロッパに到着した後でした」

そのミッション、使命こそが「ベルリン日本大使館落下傘作戦」だった。

だが、この『００７』ばりの作戦は未遂に終わる。ベルリンを担当したソ連軍が、他の連合国のベルリン入りを差し止めたまま、自らの手で落としてしまったのだ。一九四五年五月七日、ドイツ降伏。その後、二名の二世兵は、大島浩駐ドイツ大使ら日本の外交官一行をアメリカに護送する任務を受けた。ひとりヨーロッパに残されたヤマネはアイゼンハワーの司令部に配属され、ドイツや東ヨーロッパ各地で日本文書を探し歩いたが、「すべては証拠隠滅のために焼却された後だった」という。

第五章　アメリカのプロパガンダ戦略

死に急ぐ日本兵と生かしたい二世兵

子どもの頃、夏になるとテレビで放送される戦争の映像が怖かった。特に、玉砕する日本兵や、断崖から飛び降りる女の人たちの画面が陰惨だった。なぜ、日本人はこれほどまでに死に向かうのか？　ずっと不思議に思っていた謎が解けたのは、ケンと日本取材に行った時。取材した元日本人捕虜は、「玉砕戦では、戦況が絶望的になると大本営に決別電を打ち、司令官他高級将校は自殺、あとの者はバンザイ突撃する」と教えてくれた。また、「玉砕する体力の残っていない負傷兵は、自決したり自決を強要されたりした」とも話した。

「生きて虜囚《りょしゅう》の辱《はずかしめ》を受けず、死して罪禍の汚名を残すこと勿《なか》れ」

一九四一年（昭和十六年）一月、天皇の裁可を経て東條英機陸軍大臣が示達した軍人の心得、「戦陣訓」の一節である。これは要するに、「捕虜になってはいけない。死ぬまで戦うか、捕虜になる前に自決しろ」という意味だ。戦時中「俘虜の待遇」は、国際的に「ジュネーブ条約」（一九二九年）が保障したが、日本はこの条約に調印するも批准はせず「準用」なる曖昧な立場で対処した。

「戦陣訓」については、陸軍少尉だった作家の山本七平が、「『戦陣訓』など読んだことはないし、部隊で奉読されたこともない」（『私の中の日本軍』文春文庫）と書いている。氏はその上で、何事も「戦陣訓」という文脈で解釈しようとする「報道の偏向」を批判する。

無論、軍隊経験のない私に「戦陣訓」の真実はわかりようもないが、取材した多くの元捕虜が「戦陣訓」に言及したのは事実である。たとえば、新屋《しんや》徳治《みちはる》元海軍中尉、「暁」元水雷長（九十二歳）は、「それ故、恥や汚名の意識に苦しみ、捕虜収容所で自殺を試みた」と語ったし、東初男元陸軍下士官候補生（九十歳）は、「復員後、六年間も家族に捕虜の事実をひた隠した」と証言した。

元捕虜たちはまた、日本軍の辞書に「激戦」という文字はなかったとも言った。

「激戦なんてもんやない。こっちが一発撃てば、あっちは一万発くらい撃ってくる。山がまるごと動くくらいの凄い攻撃や。撃たれては引くの繰り返しで、激戦にもならんかった」

呆れたようにそう言ったのは、戦争末期、三十歳で召集され沖縄久米島で捕虜になった大阪の渡辺憲央《のりお》（故人）だった。「激戦にもならない」戦いで、ひたすら死に向かった日本兵――アメリカのプロパガンダ（心理作戦、宣伝工作）は、これをどう「生」へと導くかの戦いだったといっていい。


「ジャワの極楽、ビルマの地獄、生きて還れぬニューギニア」――戦時下の日本では、こんな言葉が囁かれたという。米陸軍情報部語学学校を卒業したケンジロウ・アクネが派遣されたのは、「地獄のビルマ」だった。四三年十二月、サベッジ基地にいたケンは出陣命令を受け、十名の語学兵とともに、行く先を告げられぬまま貨物船で太平洋を渡った。急な通告だったため、兄には「バイ」と言うのが精一杯だった。

六十日後に到着したのは、インドのニューデリー。ニューデリーには、インド、ビルマ、中国方面司令部があり、そこで初めて、「北ビルマで米戦時情報局（ＯＷＩ）と組んでプロパガンダ活動をする」と知らされた。

ケンら十名は、インド・アッサム地方、ビルマ国境付近のレドを拠点に、必要に応じて前線に赴いた。レドは、捕虜仮収容所兼野戦病院のあるジャングルの街だった。

通常、情報チームは十人の語学兵で編制される。陸軍は日本語が得意な者、英語が得意な者、日本語の中でも会話が上手な者、読み書きに優れた者などバランスを考慮した。ケンのチーム・リーダーは、ジョージア大卒のハワイ兵、コウジ・アリヨシ。他に早大卒業生やディズニー社のデザイナー、それに、アメリカに渡った社会主義者、河上清の子息で、後に女優、竹久千恵子の夫になる元同盟通信社特派員のクラーク・カワカミ、労働運動家のカール・ヨネダらが加わった。アリヨシはその後チームを離れ、延安で毛沢東の中国共産党と蔣介石の国民党の協調を画策した、特別チーム「ディキシー派遣団」に派遣された。

プロパガンダの第一歩は、日本兵を降参させることだ。そのために、肉声や拡声器で呼びかけ、宣伝ビラを作って空から散布した。

ビルマで活動中のケンジロウ・アクネのチーム
National Archives

「たいていの捕虜は、『自分が第一号か?』と尋ねたものです。日本兵は、捕虜は死より重い罪と考えていました。僕たちはまず、その考えを解く必要がありました。それで、『戦争は、軍閥と財閥が始めたことで一般兵に罪はない』とか、『犬死にしないで、戦後日本の復興のために生き残りましょう』と伝えた。他に戦況や、捕虜収容所には病院も食料もあるという事実も説明しました。みんな、重傷でも餓死寸前でも投降しなかったから。上層部からの指導で、天皇や宗教には一切触れないようにしました」

時には、拡声器を通じて『東京音頭』や『佐渡おけさ』などのレコードを流すこともあったが、これには日本兵の郷愁をかき立て「生き残る」気持ちを強くさせる意図があった。事実、後に捕虜に訊いたところ、大部分の者が「あれには胸が揺さぶられた」と答えた。

ケンのチームは関わらなかったが、米軍はアジアや太平洋諸島、それに日本本土に向けて短・中波ラジオのプロパガンダ放送も流した。これらの番組を製作したのは、戦時情報局（ＯＷＩ）と戦略諜報局（ＯＳＳ）である。

マニラのＯＷＩに派遣されたイサオ・オカ（九十五歳）によると、

「毎朝、膨大な英文原稿が、首都ワシントンＤＣのＯＷＩから届くんです。それを夕方までに和訳し、リハーサルして本番を迎える。一時間番組で、内容は具体的な戦況ニュース、日本の音楽、投降勧告でした。放送範囲はマニラを含むフィリピン全域、それに日本本土。僕らのチームには、ハワイの日本語放送局、『ＫＧＭＢ』でアナウンサーだった二世がいて、彼が陣頭指揮を執っていました」

硫黄島の捕虜、小沢政治（九十二歳）は、米軍の投降勧告についてこんな感想を洩らした。

「アメリカにとってあの戦争は、野原にウサギを捕りに行くようなものだったってことですよ。収容所では、捕虜同士さまざまに情報を交換しましたが、『これから攻撃します。〇砲を△発撃ちますから、危ないので避難してください』とか、『夜こそこそ出てくるのが武士の魂ですか。お互い、明るい太陽の下で堂々と戦いましょう』なんて呼びかけまであったんだから」

渡辺憲央は、回想録『逃げる兵』（マルジュ社）に、沖縄の捕虜収容所で戦友から聞いた珍しい投降勧告について記している。

「ある日、彼らのひそんでいる洞窟から一〇〇メートルほどの海上に、一隻の砲艦が現われた。砲艦の舳先に一糸まとわぬ全裸の女性が数人立ち、中央附近にいるアメリカ兵の中から二世らしい男がメガホンを口に当てて投降を呼びかけてきた。『日本の兵隊さん、戦争は終りました。日本の負けです。早く投降しなさい……食物も水も用意してあります』——そのとき、ひとりの日本兵が裸になって砲艦に向かって泳ぎはじめたが、投降を拒む仲間の日本兵に狙撃されて海中に沈んだ」

渡辺は、女たちは「米軍に投降した慰安婦だったのではないか」と推測した。

紙の爆弾、「伝単」

呼びかけやラジオ放送が対話によるプロパガンダなら、文字によるそれが〝紙の爆弾〟と称された「伝単」だった。伝単とは、謀略宣伝文が書かれたビラやパンフレットのこと。その多くの裏面には、日英両語で「私は降参します」と記載されており、兵士が伝単を持参して敵陣に向かえるよう工夫されていた。これらの伝単は、飛行機、時には大砲で大量に散布された。

後には凄まじい勢いで拡大強化されたが、実は、アメリカの情報諜報活動は開戦当時著しく遅れていた。アメリカが、総合的情報機関としてOWIやOSSを作ったのは、開戦後の四二年（昭和十七年）六月。二つの組織の違いは、OWIが宣伝活動のみを行ったのに対し、OSSは宣伝とスパイ活動を兼ねていたことだ。ケンがビルマで派遣されたのはOWIの方で、ワシントンDCのOWI外国戦意調査課には、後に『菊と刀　日本文化の型』を著す文化人類学者のルース・ベネディクトもいた。

「桐一葉《きりひとは》　落つるは軍権必滅《ぐんけんひつめつ》の凶兆《きょうちょう》なり　散りて　悲哀と不運ぞ積るのみ」

これは、四二年（昭和十七年）四月十八日、ドウリットル航空隊が、初めて日本本土を空襲した際に落としたといわれる伝単の文面だ。文章といい、落葉をあしらったデザインといい、大変格調高く美しい。だが、これではあまりにも大時代的で、意味がピンと

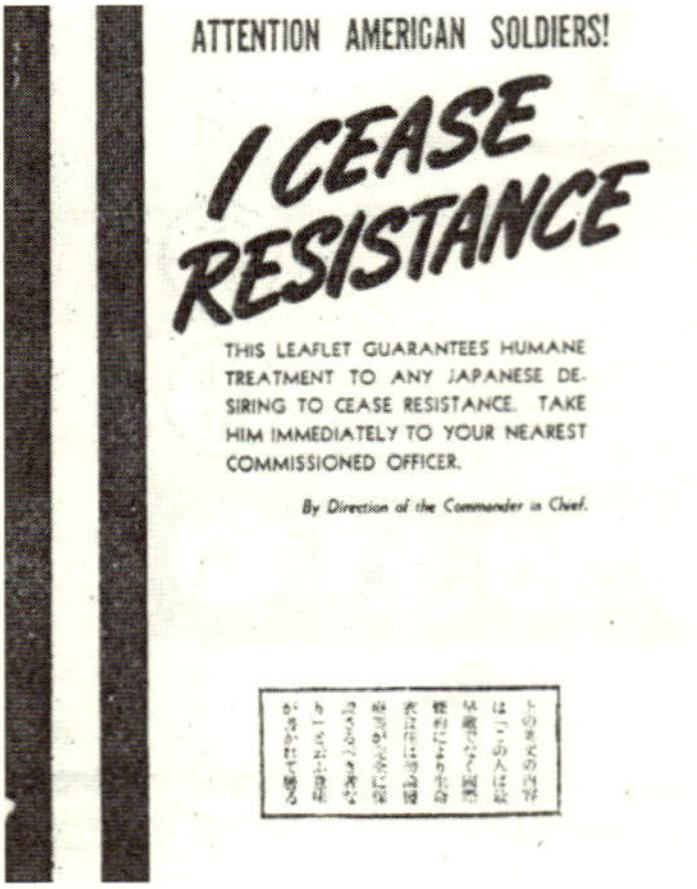

伝単の裏面。日英両語で「私は降参します」と書かれている

こないと思うのは私だけではないだろう。「桐一葉」に象徴されるように、初期の伝単は宣伝訴求という点ではあまり効果がなかった。

陸軍情報部語学学校で、プロパガンダ文章クラスの主任を勤めたジェームズ・オダ（故人）は、一九二一年（大正十年）から十一年間も日本に住んだ「帰米」（旧制姫路高等学校理科乙類卒）である。彼によると、

「アメリカは、日本や日本人を知らなすぎたのです。たとえば初期には、『日本は全滅する。故に降参せよ』なんて伝単がありましたが、これではかえって日本兵に、『では、最後のひとりになるまで戦おう』という気持ちを奮い立たせてしまいます。日本兵は、『戦陣訓』や上官の命令と、自分の本当の気持ちの狭間で喘いでいた。彼らの投降したくてもできない痛々しい心情を汲んだ上で、敬いの気持ちを込めた伝単を書くべきだと、私は主張し、上層部もこの考えを採用しま

した」
　オダのような提言は、情報機関内からも発せられた。アメリカに亡命したプロレタリア画家の八島太郎（一九〇八年〜九四年）は、OWIやOSSに勤務し、内部から伝単の改善に尽力した。彼が作った、折りたためば掌サイズになるコマ割り漫画の『運賀《うんが》無《ない》蔵《ぞう》』は、戦中最も多く撒かれた伝単といわれる。その内容は、一兵卒の運賀無蔵が辛苦の果てに戦死する一方で、上官たちは彼を踏み台にして楽をするといったもの。悲哀と皮肉に満ちた『運賀無蔵』は日本兵にも大人気で、戦死した兵士のポケットから相次いで発見されたため、長期にわたり版を重ねた。

最も多く撒かれたといわれる伝単「運賀無蔵」

　このように伝単の質は戦争中期から向上し、新聞形式の伝単まで登場するようになった。中でも最も有名なのがマニラ司令部製作の「落下傘ニュース」で、他にブリスベン司令部が作った「時事週報」、ハワイ太平洋方面司令部による「マリヤナ時報」、インドのイギリス軍が一世の社会主義者、岡繁樹の協力のもと発行した「軍陣新聞」などがあった。

新聞伝単は広範囲に散布されたが、これと平行して各戦場では、語学兵たちが伝単を手作りしては付近に落とした。ビルマにいたケンのチームも作成したが、「ある捕虜から、僕らの伝単を便所のチリ紙に使っていたと聞いてショックを受けた」と、ケンは苦笑する。

「だから、獲得した兵士の日記から、心配事や郷土愛、家族愛を綴った部分を参考にして伝単の改善を繰り返しました」

連合軍がノルマンディ上陸作戦に匹敵する大部隊を投入し、軍人、民間人併せて十九万近くの死者を出した沖縄戦では、とりわけ大量の伝単が撒かれた。あるチームなど五百七十万枚も印刷したという凄まじさで、そのためか、戦闘末期には一千名単位の投降者が出る日もあった。

渡辺憲央が振り返る。

「ビラを拾うのは軍規で禁じられてたんやけど、そら読みますわ。『いのちを救う紙。このビラを持って来れば、米軍は捕虜を大切に扱います』なんて書いてあった。ビラは、四四年十月十日の那覇大空襲以降、もうしょっちゅうね。爆弾をバンバンバンと落とすでしょ、それと同時に伝単をバーッと大変な数字撒いていました。僕は、そのビラに指定された通り丸腰になって投降したんです」

同時期には、沖縄だけでなく日本本土各地にもB29から伝単がばら撒かれた。財団法人「東京空襲を記録する会」の資料によれば、戦中本土に投下された伝単総数、四百五十八万四千枚。伝単の存在は、遂に宮中でも語られるところとなる。一九四五年（昭和二十年）八月十四日、終戦前日の『木戸幸一日記』（東京大学出版会）を紹介しておきたい。

「敵飛行機は聯合国の回答をビラにして撒布しつつあり。此の情況にて日を経るときは全国混乱に陥るの虞《おそれ》ありと考へたるを以て、八時半より同三十五分迄、拝謁、右の趣を言上す。御決意の極めて堅きを拝し、恐懼《きょうく》感激す」

内大臣木戸が「拝謁」した人とは、無論、天皇裕仁を指す。

沖縄戦、ある「帰米」の苦悩

言うまでもなく、ケンら語学兵の敵は日本兵だった。その点、彼らは欧州戦を戦った第一〇〇歩兵大隊や第四四二連隊戦闘部隊とは、まったく異なる宿命を背負っていた。語学兵の中には、日本人捕虜から「国賊」と罵られた者も少なくない。ふたつの国の間で板挟みになる苦悩。特に「帰米」の場合、その苦しみは激しかった。五年間日本に暮らした「帰米」で、ニューギニア戦線に送られたハリー・フクハラは目をきっとさせて言った。

「私が語学兵に志願した時は、軍が将来、欧州戦用に二世を募集するなんて想像もしなかった。わかっていれば、絶対に語学兵にはならなかった」

語学兵が最も多く投入されたのは、沖縄戦である。沖縄方言が標準語と著しく異なることを承知していた米陸軍は、この戦闘に沖縄の「帰米」や、親や祖父母が沖縄出身の語学兵を送り込んだ。沖縄戦の米軍は、日本軍の手の内をすっかり見通していたといわれるが、それは地図や戦闘計画書を獲っては、ハワイの情報部に送り英訳後大量印刷、現地に返送していたからだ。そのスピードは速く、たった三日で万単位のコピーが沖縄に届くこともあった。獲得書類の重要度を、沖縄の前線で迅速に判断、識別したのは二世兵たちだった。

ハワイ生まれのタケジロウ・ヒガ（八十九歳）は、二歳時から病身だった母と、両親の故郷、沖縄の島袋に住んだ。一九三九年（昭和十四年）、十六歳で兄を頼ってオアフ島に戻ると、三年後、戦時局から陸軍情報部語学学校入学の勧告状が届いた。

「もしも、太平洋戦線に送られたらと非常に悩みました。二世は日米二重国籍が多いのですが、私は登録の不備でアメリカ国籍しか持っていなかった。米国人にしかなれない以上、勧告を受け入れるよりなかったのです」

ヒガは語学学校卒業後、フィリピンに送られた。四四年秋、そのフィリピンの戦場で突然参謀部に呼び出される。天幕の中に入ると目の前に沖縄の大きな地図が広がり、将校が、空爆で廃墟と化した那覇周辺の航空写真を見せた。

「瞬間、血が凍りました。那覇とはわからないくらいの焼け野原でした。私は髪の毛が逆立ち、惚けたように突っ立っていた。すると将校が『航空写真上に出身地を示せ』と言ったので、気持ちを奮い立たせて航空写真を凝視しました……奇跡的に私の村だけが残っていました。心底ホッとしましたが、それ以降、沖縄進攻の話題が上るようになったんです」

翌年三月、ヒガはフィリピンから沖縄戦に投入された。

「六年ぶりの沖縄でした。船から本島の海岸線が見えた時……」

ここまで言うとヒガの顔が、私には見覚えのある表情に変わった。そう、激しく歪むあの顔に。ヒガは、泣きながら話し続けた。

「島々のひとつひとつがはっきりと見えてきました。十四年間も住んだ島です。親戚や親友はあそこにいるんだと思うと、心が乱れました。どうして、自分は彼らと戦わなければ……」

ヒガの涙は止まらなかった。

「つらかった……どうして自分が……」

沖縄上陸後、洞窟を訪ね、そこに潜む兵士や民間人に投降を呼びかけるのがヒガの任務となった。ある時、洞窟に籠もったふたりの日本兵がいくら説得しても反応しないので、戦闘員を使って無理やり引きずり出したことがある。尋問を始めると、ふたりとも「喜舎場《きしゃば》小学校出身」と答えた。その瞬間、ヒガの耳がピンと立った。それは、ヒガも卒業した小学校だったのである。よくよく見れば、ふたりの顔にも見覚えがある。

「ヒガ・タケジロウを知っているか？」

ヒガが訊くと、ふたりは驚いた顔をして言った。

「知っているがハワイに帰った。何年も前だから、再会してもわからないだろう」

『馬鹿野郎、同級生の顔も憶えてないのか！』と、私は怒鳴りました。ふたりは私の顔をまじまじと見つめてハッとしました。それから私たち三人は、ただ抱き合って泣き続けました」

ヒガの眼に、再び涙が溢れた。

「私はこの時、自分が沖縄に来た意義を悟ったんです。沖縄方言で、『出てきなさい』は『ンジティメンソーレ』。後日、多くの人々から『ンジティメンソーレと言われたから、信用して洞窟を出た。自決しないですんだ』と感謝されました。沖縄で、私は一度も銃を撃たなかった。沖縄戦は惨《むご》いことだらけでしたが、これが私の人生の救いです」

アメリカ本土まで行った日本人捕虜も

戦争中、アメリカ本土に住んだ日本兵がいた――。この事実を、私は日本人捕虜を取材するまで知らなかった。けれども実際には、連合軍が獲得した五万人余といわれる日本人捕虜の内、五千人の日本兵が本土に送られている。

奈良生まれの大阪育ち、パラオのペリリュー島で捕虜になった杉村武雄（九十歳）も本土に渡ったひとりだ。杉村は、サンフランシスコから何日間もかけて列車でアイオワ州のクラリンダ収容所に連行されたが、「いやー、もう広いのなんのって。戦力の差を見せつけられましたわ」と、当時の驚きを隠さない。

ペリリュー島は、日本海軍の飛行場があった要衝で、日本兵約一万一千人の内、約一万人が玉砕した激戦地である。四四年十一月、杉村の水戸歩兵第二連隊も全滅。自身も重傷を負った杉村は、無人島伝いに泳いでいるうちに漂流、気づいた時には米軍のアリゲーター型戦車の中にいた。

日本人捕虜には、彼のように海で溺れたり、負傷や病で意識を失っている間に捕らえられた者が多い。

戦車から貨物船に移された杉村が着いた先は、ハワイ、オアフ島。米軍は、ペリリューやサイパン、硫黄島など太平洋中部諸島の捕虜全員を、オアフ島、真珠湾口のイロコイ・ポイント海軍捕虜収容所でスクリーニングし、本収容所に送るシステムだった。杉村もここで尋問を受けたが、「日本語の達者な米兵がたくさんおって、これも驚いたことのひとつです」。この収容所には、副所長格のオーテス・ケーリを筆頭に、フランク・ギブニー、ドナルド・キーン（後、沖縄戦に移動）など、戦後日本に影響を与えた錚々たる海軍将校が揃っていた。

尋問後、杉村はアメリカ本土に移送された。本土収容所を管轄したのは、米陸軍憲兵司令部。同司令部は、全米十カ所余に日本人捕虜を収容したが、興味深いことにこれらの収容所では、FBIに拘束された在米日本人と日本人捕虜が一緒になることもあった。ともにジュネーブ条約で、「戦時俘虜」として扱われたからである。

十の収容所の中には、二つの秘密捕虜尋問センターもあった。これらは、米軍が重要情報を保持していると判断した捕虜だけを特別に拘留した収容所で、カリフォルニア州バイロン・ホットスプリングスと首都ワシントンDC郊外のハント要塞《フォート》にあった。前者は「トレイシー」の暗号名を持ち、後者は日本人捕虜中、最高階級の沖野亦男《またお》海軍大佐を、またドイツ降伏後は大島浩駐独大使を収容した。

十カ所の収容所はもとより、二つの秘密捕虜尋問センターにも二世語学兵が派遣された。

時に、日本兵の頭蓋骨を灰皿に使うなどの蛮行も見られたものの、米軍の捕虜に対する扱いは総じて寛容だった。たとえば杉村は捕虜になった時、中耳炎で高熱続きだったが、「米軍病院に入れてもろうて、貴重なペニシリンをバンバン打ってもろうて、そら親切でした」。また、本土のクラリンダ収容所で炊事班になった時には、「最初アメリカの食材ばかりやったので、米や醤油を希望したらちゃんと調達してくれました」。

本土の中でも、とりわけ設備が整っていたのがウィスコンシン州のマッコイ収容所だった。ここは、ハワイから送られた第一〇〇歩兵大隊が最初に訓練を受けた基地だが、戦争末期には、日本人捕虜二千五百人を抱える一大捕虜収容所となった。捕虜のリーダー格に捕虜第一号、酒巻和男を配したマッコイには、日本式浴場もあれば映画館もあり、日曜日には食べきれないほどのケーキが出たし、酒保（売店）にはビールも売っていた。ビールは他の収容所でも販売されたが、値段は十セントから二十セント。捕虜の労働には、日額最低八十セントが払われたから充分に買える値段だった。

なお、捕虜の賃金は、後日、米軍がしっかり日本政府に請求、日本は戦後処理費の費目でこれを負担した。

日本兵はみんな長谷川一夫？

「ああ、そういう考え方もあるんだな。なるほどな」

ハワイの捕虜収容所で二世兵の話を聞きながら、小沢政治（前出）はそう思った。二世兵は小沢に、「もう充分戦ったじゃないか。これ以上でたらめに死んじゃダメだ。若い力が、これからの日本には必要なんだよ」と何度も語りかけ、焼野原になった日本の写真を見せた。

一九二〇年（大正九年）、神奈川県出身の小沢は、四四年六月、二度目の赤紙で硫黄島に送られた。近衛野砲第八連隊東部第一二部隊の砲部隊。小沢が島に上陸してから半年後の四五年二月、米軍の総攻撃が始まった。硫黄島戦では、日本軍約二万一千名中、約二万名が戦死。生き残ったのは、捕虜になった千三十三名だけである。小沢の部隊も全滅。自身も大火傷を負い、頭に手榴弾の破片が突き刺さったままの小沢は、自決を試みたが死に切れず敗残兵としてひとり島を流浪した。

島では、掃討戦と投降勧告が続いた。小沢が隠れていた洞窟にも、二世兵がやって来て、「たどたどしい日本語」で「出て来いよ」と説得を続けた。一般に日本兵は、捕虜になれば殺される、仮に助かって帰国しても逃亡罪で銃殺されると信じていた。小沢の頭にも死の文字がよぎったが、一晩悩んだ末に、「洞窟にいても死ぬのを待つだけ。だったらいっそ騙されたつもりで」投降した。

洞窟から赤十字の車で送られた仮収容所では、別の二世兵から尋問を受けた。二世兵は、小沢に名前を尋ねると、「長谷川一夫や荒木又右衛門なんていうのはダメだよ」と釘を刺した。これらは、捕虜が盛んに使った偽名である。日本兵にとって捕虜は汚名、本名を名乗ることなどできなかったのだ。小沢は、咄嗟に小を取って「沢」と名乗った。

その後、ハワイ、オアフ島のイロコイ・ポイント海軍捕虜収容所を経て、やはりオアフ島の陸軍捕虜収容所に送られたが、先の二世兵との会話はそこで交わされたものだった。その時、小沢は「捕虜になって以来初めて将来を考えた」という。


現代史家の秦郁彦は『日本人捕虜』（原書房）で、日本人捕虜には恥の概念の他に、情報を無防備に話してしまう傾向があったと指摘する。その理由は、捕虜を否定した日本軍が「なった場合の対処法」を教育しなかったこと、また、捕虜が一定の期間を過ぎると、衣食住を提供する米軍に恩義を感じ、御礼の意を込めて話したことにある。逆に米軍は、義理に基づくこうした日本人気質を研究し首尾良く利用した。その結果、戦艦「大和」の主砲口径や七三一部隊の細菌作戦といった高度の機密情報が、次々と敵の手に渡っていった。

秦はまた、捕虜は「玉砕組、帰国組、虚無組」に分かれると分析する。「玉砕組」とは、死によって捕虜の恥辱を償おうとする人々で、度々ハンストや反乱を起こした。オーストラリアのカウラ捕虜収容所や、ニュージーランドのフェザーストン捕虜収容所で起きた暴動は、玉砕組が先導したものだった。反対に「帰国組」は、捕虜の身を受け入れ、できれば帰国したいと願う模範捕虜。最後の「虚無組」は、生死の問題から逃避して展望を持たないまま日々を送る捕虜を指す。

クラリンダ収容所にいた杉村武雄も、一種の虚無組といえそうだ。各地の捕虜収容所では相撲や野球、将棋などの娯楽が許されたが、杉村は『瞼の母』や『国定忠治』といった芝居作りに没頭した。しかも小柄な彼は、「お前、女形やれ」と言われ、「ほな、一遍やってみよか」。以来、「復員するまでずっと女形でした」。

杉村が女形に忙しかった頃、沖縄の渡辺憲央も、本島中部の屋嘉《やか》捕虜収容所で多忙な日々を送っていた。出征以前、プロのカメラマンだった彼の所内労働は、米憲兵隊写真班の助手。国際赤十字に郵送するために、日を追って増加する捕虜の顔写真を撮影、現像した。写真班の米国人と渡辺の間に立ったのは二世語学兵だった。

「ほんまにいい二世やった。あれはやっぱり日本人の血ですわ。けど、アメリカの気持ちも理解できるから、よう仲を取り持ってくれました。今でも顔をはっきりと憶えています。ほんま、ありがとうと言いたい」

特別捕虜「サクラ」と迎えた終戦

日本人捕虜の中には、特別に「協力者」や「サクラ」と呼ばれた者たちがいた。彼らは、米軍が慎重に観察した上で選抜、秘かに勧誘したいわば助っ人であった。たとえば、終戦間際、日本本土に撒かれた降伏勧告ビラは、ハワイ・パールシティ捕虜収容所の協力者が書いたものだったし、マニラで対日謀略宣伝ラジオ放送に携わったイサオ・オカのチームも、二十名の協力者を抱えていた。伝単にせよ、ラジオにせよ、日本軍を熟知した日本人捕虜の手になるものはやはり説得力があった。

四五年二月、ケンも四名の協力者と中国雲南省の昆明に向かった。連合軍が北ビルマの日本軍を破り、ビルマ公路が開通。米軍は当初の目的を達成したので、「中国に移動しプロパガンダ活動を続けよ」との指令だった。

北ビルマの日本軍は、精鋭部隊の第十八師団（菊兵団）で、生半可なことで落ちなかった。しかし、「ミッチーナーの戦い」（四四年五月～八月）で壊滅状態に陥ると、さしもの菊兵団からも大量の投降者が現れた。ケンも、尋問に多忙をきわめた。

「日本兵と接して驚いたのは、日本のことだけで世界を知らないということ。僕らのような二世がアメリカにいることも、知っている人はまずいなかった。でも日本兵はみんな立派で、僕は好きでした」

ケンと一緒に昆明に赴いた四人は、ミッチーナー戦で負傷した捕虜たちだった。彼らはその後、レドの捕虜仮収容所兼野戦病院に入ったが、そこで勧誘に応じて協力者になった。

「他の捕虜に知られたら、売国奴と殺される危険があったのによく協力してくれました。四人の共通点は教養があり、戦争を客観的に見ていたこと。学校の先生、大企業の社員、それに画家、菓子職人でした。名前は偽名だったと思います。僕は、将校以外は偽名を許していましたから。職業は事実だったと、今でも思っています」

協力者の力を借りて昆明で任務を続けていたある日、傍受中の短波ラジオから玉音放送が流れた。

「ほっとしました。ビルマ、沖縄、広島、長崎……絶対に勝てない戦争に日本は犠牲を払いすぎた。僕は、早く日本に降伏して欲しかった。四人もラジオを聴いていて、あえて言葉は交わさなかったけれど同じ気持ちが伝わってきました」

終戦後、ケンは四人を空路インドのニューデリーに運び、英軍に引き渡した。ビルマは英軍が統括していたから、そうするのが連合国のルールだった。四人は、ビカネール捕虜収容所で他の日本人捕虜と合流した。

「協力者だったことを隠し通せたかどうか。四人を途中で放り出したようで、今でも胸が痛みます。別れに際し伝えたいことはたくさんあったのに、立場上お互い何も言えなかった。ただ、さようならとだけ言い合いました。今ならなんの制約もなく語り合えるけれど、もう亡くなっているかもしれないね」

ケンの表情が、少し寂しげに映る。

「でもね、僕は君と日本で取材した十二名の元捕虜全員が、健全な市民に戻っていたことが何よりうれしかった。二世の活動が少しは役に立ったわけだから。僕が戦場で出会った捕虜が、幸せな人生を送ったことを祈りたい。特に、昆明の四人がそうでありますように」

ケンは、終戦の伝単を今でもよく憶えている。A四判の黄色い紙に黒字で「降伏」と書いた。昆明の街は、いたるところで太鼓が響き、爆竹や花火が放たれた。

同じ頃、日本は皇居前広場で自刃する者が出るなど、悲しみと混乱に包まれていた。だが、横浜、慶応大学日吉校舎、海軍の軍令部には、敗戦を冷静に受け止めたひとりの青年将校がいた。

竹宮帝次である。

第六章　ハワイ第一〇〇歩兵大隊とイタリア戦線

大変だ、ジャポネが攻めて来た！

日本へ向かう船の甲板で、竹宮帝次は拳を握りしめていた。悔しかった。

「俺はアメリカ人なのに……」

竹宮は、小柄で寡黙ながらきかん気だった。幼い頃から「帝次は本ばかり」と、同じ日系開拓地の友だちから小言を言われても人一倍勉強した。学問だけでなく、高校時代はフットボール部にも入って身体を鍛えた。そうやって名門、南カリフォルニア大学（USC）の入学許可を手に入れた矢先のことである。父が、「アメリカを引き払い日本

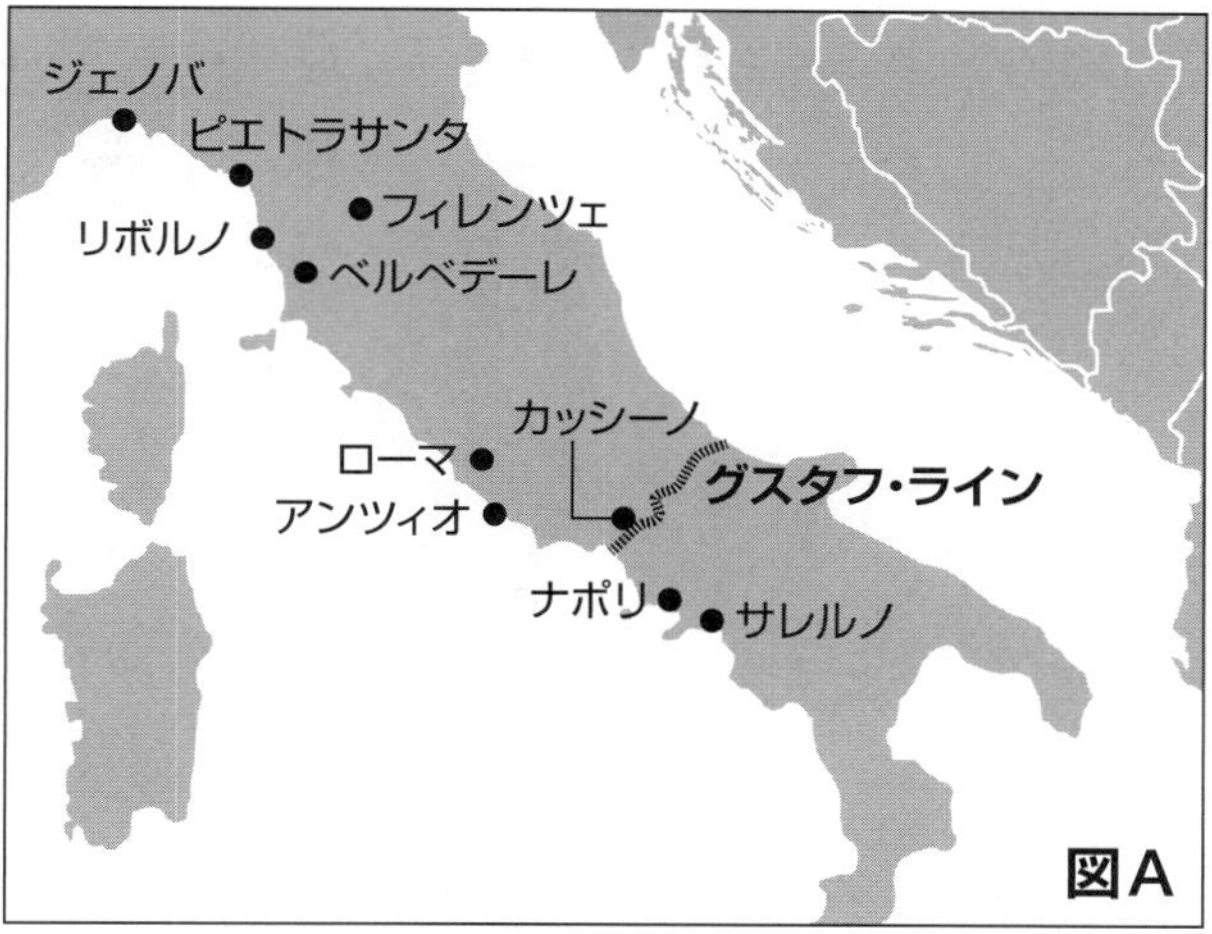

で暮らす」と家族に告げた。確かに、排日の動きは大恐慌（一九二九年）後、一層強まっていた。だから「父の決断は正しい」と思いつつ、「俺は、たとえひとりでもアメリカに残りたかった」と、太平洋を前に竹宮は再び拳を握りしめた。

一九三九年（昭和十四年）、こうして、十六歳になった竹宮は初めて日本の土を踏んだ。一家は、祖父母の故郷、熊本県熊本市大江町九品寺に落ち着き、父は保険の外交職に就き、竹宮は九州学院に入学、生来の負けん気で必死に日本語を学んだ。

それでも、アメリカが恋しかった。だから、米国大使館が帰国希望者を募集した時には迷わず応募した。だが、希望者が多く抽選に漏れてしまう。

真珠湾攻撃のニュースが自宅のラジオから流れてきたのは、それから数カ月後のことだった。

「ラジオを聴いた時、どう思われましたか?」

私が問うと、竹宮は、例のやや突き放すような口調で言った。

「どうもこうもないです。どっちの国に勝って欲しいなんて、そんなこと考えても仕方がない。どうせ、私も（戦争に）もっていかれちゃうんだから、みんな東條の思うがままです」


日米戦は真珠湾攻撃で始まったが、三九年九月のドイツ軍ポーランド侵攻以来、ヨーロッパではもう二年以上も英国率いる連合国と、独伊枢軸国の間で戦争が続いていた。開戦当初、圧倒的な優勢に立ったのはドイツ軍だった。イギリス首相、チャーチルはアメリカに再三呼びかけるも、米世論は反戦を支持、参戦は見送られていた。

真珠湾攻撃は、そんなアメリカの背中を押した。翌日、米議会は〝日本への〟宣戦決議案を可決する。この議決はあくまで日本に対してだったが、アメリカは日独交信を傍受し、「日米が開戦すればドイツが倣う」ことを承知していた。アメリカの予測通り、三日後、ドイツとイタリアがアメリカに宣戦布告。こうして、アメリカのヨーロッパ戦線が幕を開けた。

私たち日本人にとって、第二次世界大戦といえば「太平洋戦」の観が強いが、あの戦争はまぎれもなく「大西洋戦」でもあった。たとえば、「太平洋の戦場での米軍の死者は、九万二五四〇人……ヨーロッパの戦場も含めた、第二次世界大戦におけるアメリカ軍全体の死者は、二九万四五九七人」（『それでも、日本人は「戦争」を選んだ』加藤陽子、朝日出版社）という記述からも、その規模と犠牲のほどがわかるだろう。

第一〇〇歩兵大隊や第四四二連隊戦闘部隊の二世兵が送られたのは、この欧州戦だった。二世兵総数およそ一万四千名。

第一〇〇歩兵大隊B中隊の元兵士（九十二歳、匿名希望）が語る。

「イタリア人もフランス人も、最初僕らを見て愕然とした。『大変だ、ジャポネが攻めて来た！』って。日本は四〇年以来、ドイツやイタリアと三国同盟を結んでいたでしょ、だから僕らを日本兵と思ったんだね。それで、白人将校が『ジャポネではない、米軍の日系兵だ』と説明して歩いたんです」

ジャポネと恐れられた二世兵は、最終的に大統領部隊感状、名誉勲章をはじめとする勲章を一万八千個以上も獲得し、米陸軍史上最強の軍団と賞された。けれども、史上最強軍団はまた史上最大の戦死傷者部隊でもあった。アメリカでは、戦死したり重傷を負った兵士に、ハート型のメダルに紫のリボンの「パープルハート勲章」を贈るが、日系部隊の別名は「パープルハート隊」である。

米陸軍史上最強軍団を貫いた日本精神

陸軍史上最強――日系部隊はなぜ、そんなに強かったのだろう？

「帰するところ、名誉の問題ということです」

ダニエル・イノウエは、きっぱりと結論づける。

「出征時、欧州に向かう航海はおよそ三十日間かかりました。最初はウクレレやギャンブルで騒がしかった私たちも、最後にはしーんとなって水平線を見つめていました。私は周囲の二世に尋ねたんです、なぜ志願したのかと。すると誰もが例外なく、『家名を汚すな』と答えました」

「家名を汚すな」は、船上の二世兵だけでなく、私が出逢った二世ほぼ全員が言及した言葉だ。一世が、武士や明治の精神を二世に教訓したことは前にも触れた。その薫陶とは、煎じ詰めれば『八犬伝』の「仁、義、礼、智、忠、信、孝、悌」であり、『葉隠《はがくれ》』の「武士道といふは死ぬ事と見付けたり」だった。だから、「『国のために死ぬのは名誉』と母に送り出された」(ススム・イトウ)者もいれば、「『お前の顔はもう見たくない。命をかけて戦え』と父親に言われた仲間も多かった」(ロナルド・オオバ)。

オオバは言う。

「二世戦死兵の中には、手榴弾で自決したと思われる者もいました。捕虜になって恥をかくくらいなら、ってことです。我々は、それほど日本的な考え方をしたし、だからこそ、あれだけの戦功を立てられたのだと思います」

「生みの親より育ての親」、これもしばしば二世が口にする言葉だ。武士は二君に仕えず。これまで育ててくれたアメリカには義理がある、その恩を返すという意味である。

こういった日本的信念に支えられた二世を、さらに強い兵士にしたのが差別という負の現実だった。

「私たちは、出世や成功の夢がない貧乏所帯のせがれです。でも、なんとか逆境を切り抜けたいと、歯を食いしばって生きてきた。並みの努力では這い上がれないことを、二世は知っていました」（ダニエル・イノウエ）

したがって戦争は、否定的な社会評価を打ち消し、真のアメリカ人であることを示すチャンスでもあった。そして、二世はそれを存分に証明した。

そもそも二世には、プランテーションや実家の零細農家で身体を鍛えた者が多い。それに、通常なら将校になる大学卒業者も一兵卒として戦場に出されたから、部隊全体の知能水準も高かった。

「日系人だけの部隊っていうのも良かったんだ。同じ目的があるから団結しやすかった」

そう語ったのはドン・セキ。第二次世界大戦の米軍で、民族別に編制されたのは黒人部隊とネイティブ・アメリカン部隊、日系部隊だけだった。これに関して差別との批判もあるが、多くの二世はセキと同じ考えを持っている。

日系兵の忠誠心を軍は当初疑問視した。ミッドウェイ海戦に備えて、とりあえず「ハワイ臨時大隊」を本土に送ったものの、さてではどう使うかとなると明確な方針はなかったのが実情である。ところが、二世たちが訓練中に圧倒的な好成績を収めたため、ちょうど兵士を渇望していた欧州戦線に送り込んだのだった。

その日系部隊を、米軍は遂に、「ゼロアワー（突撃の時）となると全員が立ち上がって突進する」「傷ついた仲間を置き去りにしない」「命令につべこべ言わずに速やかに従う」（米陸軍第五軍司令部『第四四二連隊について』四五年四月四日）といった賛辞を送るにいたる。

ニューギニアやフィリピンで日本軍と対戦したロバート・アイケルバーガー米第八軍司令官は、かつて、「私の指揮官としての夢は、日本軍一個大隊を率いて戦うことだ」と公言した。「あの悪条件でよくぞあれだけ」の意だが、日本兵の精神力とアメリカ軍の技術、組織力を併せ持った軍団、それが二世部隊だったといえるのかもしれない。

初戦はイタリア

一年余の訓練を経て、ハワイ第一〇〇歩兵大隊に出陣の時が訪れた。四三年（昭和十八年）八月二十一日、ニューヨーク港発。アルジェリア、オランでの短期滞在を経て、九月二十二日、イタリア南部サレルノ上陸。この地で第一〇〇大隊が配属されたのは、

第五軍、マーク・クラーク司令官と第一〇〇大隊の二世兵士　National Archives

第五軍（マーク・クラーク司令官）の第三四師団だった。同師団は、アメリカから欧州戦に最初に送られた師団で、すでに北アフリカ戦線で名を馳せていた。

イタリアというと陽光のイメージがあるが、実は秋から冬は雨期。また冬の温度は低く、南端のシチリア島でも雪が降る。この雨が、上陸時から第一〇〇大隊に襲いかかった。雨と雪はイタリアにいる間ずっと、そしてその後のフランス戦線でも終始、二世部隊を濡らし続けることになる。

ところで、イタリアは第一〇〇大隊が上陸する二週間前の九月八日に降伏している。すると二世部隊の敵は誰か、というとドイツである。この辺りがイタリアの複雑なところなのだが、ドイツ軍は、イタリアが降伏した後もイタリア中部以北に留まり、米英軍を中心とする連合軍と激烈な防衛戦を続けていた。イタリア国内はといえば、ナチス・ドイツを支持するファシストと、彼らに抵抗するパルチザンが対立し、いまだ混乱の極みにあった。

連合軍の戦略は、ナポリ東南約四十五キロのサレルノから北上し、ナポリ、ローマ、フィレンツェを手中に収め、ドイツ軍をイタリアから追放するというものだった。

話が少しずれるようだが、この取材を始めた頃、私には第一〇〇歩兵大隊の「歩兵」の意味がわからなかった。歩く兵？　あの広い戦場を歩く？　兵隊さんって、戦車とかジープとか戦艦に乗っているのでは？

そう質問すると、F中隊のテッド・ハマス（前出）は、「いいえ、歩くんです」と首をふりふり答えた。第一〇〇大隊でも補充兵ではなく最初からいたメンバーは、特別にオリジナルと呼ばれる。ハマスは、今では少なくなったオリジナルのひとりだ。

「だから歩兵はつらい。実際、イタリア上陸以降、足を使った移動の連続でした。で、目的地に着くと穴を掘って寝る。雨が降ろうが野宿です。たまに馬やトラックを使うこともありますが、歩兵の基本は歩行。十五キロくらいの背嚢《はいのう》を背負ってね」

背嚢の中味は、シャベル、ピッケル、野戦用ジャケット、レインコート、靴下、手袋、帽子、毛布、アルミ弁当箱、ガスマスク、トイレ用品、そしてレーション（野戦用携帯食）。さらに、ライフルと鉄兜がどっしりと重みを増す。

その上、「どこに行っても、ドイツ軍が山の上で待っていた」。

「最初からイタリアにいたドイツ軍は、上から見下ろし攻撃するという絶好の戦術を採れたんです。我々は、言うなれば丸見えでした。それで、夜行軍や夜襲が多かった。まるで、ドラキュラみたいな生活でした。夜に活動し血まみれになるのですから」

サレルノから北上して一週間。第一〇〇大隊は初めて戦闘状態に入る。モンテミレート村へ向かって行軍中、ドイツ軍の砲弾が炸裂したのだ。

「兵隊は、上から命令されてただ動くだけです。全体なんか見えません。初戦ではとくにわけがわからない。教練ではうまくいった戦法もどこかに吹き飛んで、みんな大混乱に陥りました。それに、ドイツの戦車や武器は、圧倒的に米軍のものより優れていました。機関銃だって向こうはブルルルル、こっちのはタ・タ・タ。速さがまったく違うんです」

戦さに不慣れで武器にも劣る日系部隊は、しかし初戦を辛勝した。だが、初戦は欧州戦〝初〟の戦死者も出した。ジョー・タナカ、享年二十四歳、ハワイ野球の人気者だった。

この日も一日中、イタリアには雨が降りしきっていた。

第一〇〇大隊は、その後も北進を続ける。ヴォルトゥルノ川を、背丈の低い二世兵士は胸や顎まで浸かって渡河し、山の裾野では高所攻撃の洗礼を浴びた。彼らが、切り立った山々が連なる中部山岳地帯に辿り着いた時、季節はすでに晩秋を迎えていた。それまでの戦死者七十五名、重傷者二百三十九名。サレルノ上陸からたった二カ月で、五人に一人強が戦死ないしは戦線離脱という厳しい緒戦の日々だった。

同じ晩秋十月二十一日、東京・明治神宮外苑の陸上競技場では、こちらも雨の中「出陣学徒壮行会」が行われていた。兵力が不足した日本軍は、それまで猶予していた高等教育機関在籍の文系学生に対しても、在学中の徴兵を始めたのだ。二万五千学徒の中には、青山学院高等商業学部（現・青山学院大学）一年生、竹宮帝次の姿もあった。

その時の気持ちを「入隊してしまえば楽になると思った」と、竹宮は表現する。日米二重国籍の竹宮は来日以来、警察や特高（特別高等警察）から執拗に尋問や家宅捜査を繰り返された。「楽になる」の背景にはそういう事情がある。
十二月一日、竹宮帝次、海軍入隊。この時点で、実質的にアメリカ国籍を失う。

「モンテカッシーノの戦い」――骨まで沁みる雪と雨

イタリア中部山岳地帯には、ドイツ軍による強力な防衛線が敷かれていた――「グスタフ・ライン」。独軍は、アウトバーンを造ったフリッツ・トート軍需大臣の陣頭指揮で、東海岸のアドリア海から西海岸のティレニア海を突っ切る全長百五十キロのグスタフ・ラインを構築した。

そのグスタフ・ラインの中心に、カッシーノという街がある。ローマからは南におよそ百二十キロ。ナポリとローマを繋ぐ主要道(現・国道六号線)があるため、連合軍、独軍、双方譲れぬ要衝となった。四四年(昭和十九年)一月十二日、米司令官マーク・クラークをして、「イタリア戦線における最も熾烈で悲惨、悲劇的な戦い」と言わしめた「モンテカッシーノの戦い」が始まった。

「無理だ！」

ローマから特急で一時間。初めてカッシーノを訪れた私は、思わずそう叫んでいた。駅を出て、いかにも地方都市といったのんびりと弛緩した街を歩いていた時のことだ。西の方角から、いきなり視界に「モンテカッシーノ大修道院」が飛び込んできた。モンテカッシーノ戦の象徴となった建造物である。ぐっとせり上がった山の頂上に、モンテカッシーノ大修道院（五二九年〜）は建っていた。標高たった五百十六メートルというけれど、平均三十度と急峻なので、もっと、もっと高く見える。写真やビデオで見て想像していた以上の威圧感だった。

モンテカッシーノ戦のドイツ軍（司令官・アルベルト・ケッセルリンク元帥）は、この大修道院がある山の斜面と背後の山々に要塞を構え、長距離砲、迫撃砲、機関銃を設置した。その上、視界を遮る樹木や家屋はなぎ倒し、山裾を流れるラピド川に大量の水を放流。平地を泥沼に変えて、無数の地雷を仕掛けた。さらに川岸には、深い溝や高いコンクリート壁、鉄条網まで作るという念の入れようで連合軍の北進に備えた。

大修道院を見上げる私には、「無理！」という言葉しか出なかった。だが、連合軍はその無理をやった。だから、犠牲も並みではなかった。米、英、仏、豪、ポーランド、

爆撃されたモンテカッシーノ
from "The Abbey of Montecassino"

インド他から成る連合軍は、モンテカッシーノ戦に全二十個師団を投入。四カ月間で四回もの総攻撃を仕掛けてようよう独軍を退却させた（五月十八日）。またその間には、ローマ法王の陳情にもかかわらず、大規模空襲を二度行い大修道院を完全に破壊した（現在のものは戦後新築。なお、戦後の調査で独軍は大修道院自体を要塞としておらず、したがって連合軍の空襲は、無意味に人類の遺産を無に帰した行為だったことが判明）。とりわけ二回目の空襲（三月十五日）は、爆撃機五百四十三機、爆弾千百四十トンという第二次世界大戦でも屈指のスケールだった。モンテカッシーノ戦の犠牲者は、兵士、民間併せて二十三万人に達する。

「ボンバ、ボンバ、ボンバ！　タント、タン

ト、タント!!」

カッシーノのカフェに座って戦時中の写真集を見ていたら、地元のおじいさんが話しかけてきた。和訳すれば、「とにかく爆弾。凄い量の爆弾。毎日が爆弾！」といったところだろうか。その人は「タント、デストロイド、ゼロ（何もかも破壊されてなくなった）」とも言うと、「ニセイ」と、日本人の顔をした私を指差しながら話を続けた。残念ながら私に詳細は理解できなかったけれど、「グラーツェ」という言葉や笑顔から二世兵士に感謝していることが伝わった。「ニセイ」がそのままイタリア語になっていることに、私は驚き、そして少しうれしかった。

モンテカッシーノ戦の初日は吹雪だった。山々には、見渡す限りの雪が積もった。翌日以降も吹雪と豪雨に降り込められた。川は氾濫寸前で、川の手前一帯は地雷原であった。ドイツ軍の地雷について、テッド・ハマスが説明する。

「敵は巧妙でした。金属探知機で発見できないように、地雷を四角い木箱に入れていたんです。しかも地雷自体が、踏めば腰丈から背丈ほども跳ね上がり、四方に鉄片を降らせる構造でした。私たちはあれを、『跳ねっ返りベティ』と呼んでいました」

「跳ねっ返りベティ」を手探りで探し、起爆装置を外すのは困難で危険な作業だった。特に夜間はそうだった。日系兵は、装置を外した地雷にトイレットペーパーをちぎって敷いて目印とした。

「あれは軽いし、誰もが携帯していたからです。それにしても、雪と雨が骨まで沁みた戦いでした。ドイツ軍の抵抗が激しくてなかなか進軍できず、待ち時間が長かったんです。待っている間、こっちは塹壕に入って身を守るしかない。そうしなければ死にますから。敵は、手足の位置を変えるだけでバンバン撃ってきましたから。なんせ、上から観察しているから強いです。で、僕らは壕にいるわけですが、そこに雪や雨が貯まって凍ってしまうんですよ。ヘルメットでいくら氷水を出しても、また貯まる。結局、水浸しのまま立って寝るしかありません。そんなことを何晩も続けるうちに、凍傷や塹壕足になる兵隊が続出しました」

塹壕足は感染症の一種で、足を長時間、冷たく湿気のある不潔な所に置くと罹《かか》る。放置すれば壊疽《えそ》になり、足を切断しなければならない恐ろしい病だ。

「一番の治療は足を乾燥させることですが、望むべくもありません。僕も、塹壕足で野戦病院に担ぎ込まれました」

ハマスはその後、病院からハワイに送られ、完治後はハワイの二世工兵隊一三九九部隊に異動した。

モンテカッシーノの戦いで第一〇〇大隊が本格参戦したのは、一月二十四日からと二月八日からの二度である。やはり、天には雨や雪が吹き荒れていた。暗闇の進軍が続いたが、地雷に吹き飛ばされる者、雨あられのように降って来る砲弾に撃たれる者——夜が明ければ、泥沼に戦死兵と負傷兵が累々としていた。無傷の兵士も、間断なく続く敵の砲撃にさらされて負傷兵を助けることができない。カッシーノの山や川は、ハワイ二世の鮮血で染まった。

そんな中でも、一部の日系兵士は大目標の大修道院まで接近したが、手勢が足りず進軍を断念せざるをえなかった。

モンテカッシーノの戦いにおける第一〇〇歩兵大隊の戦死者は四十八名、重傷者百三十四名。サレルノ上陸時千三百名だった兵力は、モンテカッシーノ戦を経てわずか五百二十一名に激減した。

「アンツィオの戦い」——ローマ入城ならず

モンテカッシーノの戦いがいまだ続く三月末、第一〇〇歩兵大隊は、軍令を受けカッシーノからアンツィオに移動した。アンツィオはイタリア西海岸に面した港町で、グスタフ・ラインの西端やや北方に位置する。連合軍は、グスタフ・ラインをカッシーノとアンツィオの両面から攻撃しようと、二カ月前の一月二十二日、大軍を海上から一斉にアンツィオ海岸に上陸させていた。第一〇〇大隊は、そこに援軍として送り込まれたのである。

兵力が激減した第一〇〇大隊には、米本土シェルビー基地の第四四二連隊戦闘部隊から三度にわたり約六百名の補充兵が送られた。

アンツィオは、周囲を高地に囲まれている。高地の中でも重要なのが、アンツィオ港から内陸二十四キロのアルバノ高地だった。ローマまで二十キロと至近な上に国道が通るので、これを手中に収めればローマへの道が開く。海岸線を占領した連合軍と、例によって高地に陣取るドイツ軍。両者は一進一退を繰り返し、戦いは長期化した。

だが、五月にカッシーノが陥落したことで連合軍に勢いがつく。

五月二十三日、総攻撃開始。戦闘は初日から激戦となり、米軍はこの日だけで死傷者千名、戦車百台を失った。これは、米軍が一日で被った被害の最大記録といわれる。アルバノ高地にも六個大隊が挑んだが、すべて虚しく敗退した。そのアルバノ高地を遂に攻略したのは第一〇〇大隊だった。

六月四日、全世界注目の中、米第五軍の先遣隊がローマに入城。第一〇〇大隊も、国道沿いの独軍要塞を落としながらローマを目指した。が、翌日、ローマの一歩手前というところで、米軍は彼らを脇に押しやり、後続の白人部隊に道を譲らせた。その上、日系兵はローマ中心部を通過せず、街のはずれから北進を続けよと告げた。

この命令に、今でも地団駄を踏む二世は多い。第一〇〇大隊が道を譲らされたのは、彼らがアンツィオに到着する以前から戦っていた部隊だった。したがって、その部隊を先に入城させるという米軍の判断は納得できなくもない。しかし、全世界が見守るローマをあえて外させたのはなぜか？　大いに疑問の残る四四年六月五日の軍令だった。

連合軍が、史上最大の「ノルマンディ上陸作戦」を果たすのは、その翌日のことである。

第七章

第四四二連隊戦闘部隊とヨーロッパ戦線

フランス、ビフォンテーヌの森にて

森の中で私は震えていた。まだ十月とはいえ、気温は氷点下ゼロと冷え込む朝だった。これほど霧が立っているのは、空気よりも地面の方が暖かいからだと、そばにいた村人が教えてくれた。けれども、私が震えていたのは寒さのためではない。泣いていたのだ。

二〇一〇年十月十七日の日曜日、私はフランス東北部ロレーヌ地方、ビフォンテーヌの森にいた。この日、「ボンヌ・シス」と呼ばれる小さな森の広場では、例年通り、ドイツからの解放記念日を祝う式典が催された。

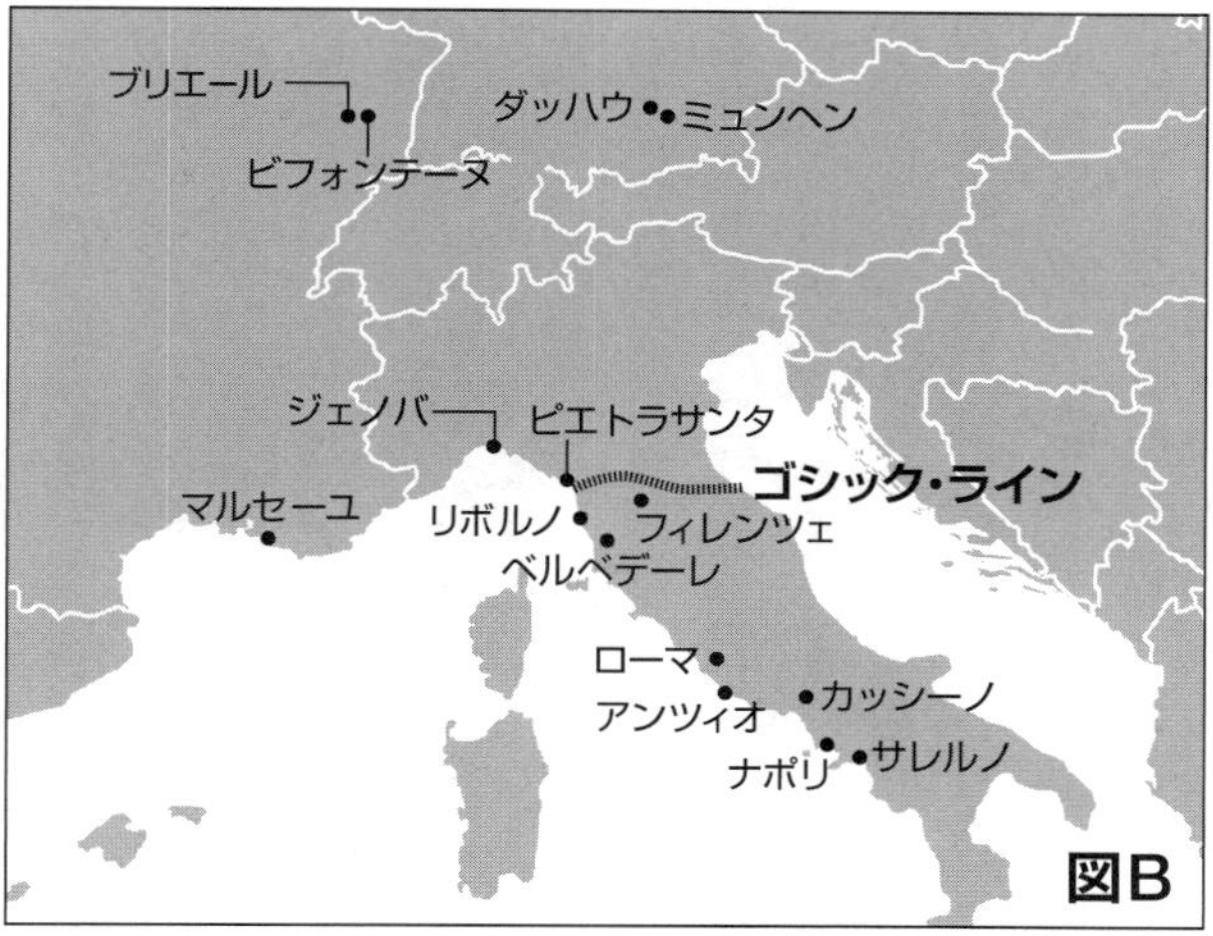

図B

ビフォンテーヌの森は、五百メートル級の丘陵が連なるヴォージュ山脈にある。南北に百二十キロ走るヴォージュ山脈を、東にひと跨ぎすればライン川。ラインを越えれば、たちまちドイツだ。ドイツ人は、フランスに面したその一帯を「黒い森（シュバルツバルト）」と呼ぶ。昼でも暗黒なほど深い森という意味である。

ドイツと背中合わせのヴォージュ山脈一帯は、独仏間で争奪の歴史を繰り返した。一九四〇年（昭和十五年）六月にパリを占領したナチス・ドイツは、同月、ヴォージュ地方も占領した。占領にあたり、ドイツはここを第三帝国予備軍直轄地域に組み入れた。パリを含めた他のフランスが、ドイツ軍司令部と駐仏ドイツ大使の管轄だったのに較べて、ヴォージュ地方の特殊性がわかる。村々を牛耳ったのは、ナチスの中でも最右派のナチ親衛隊（SS）だった。

四四年十月、ヴォージュの村々はナチ親衛隊の恐怖政治下、五年目を迎えていた。かたや、同年六月六日にフランス西海岸のノルマンディに上陸を果たした連合軍は、八月二十五日にはパリをも奪還した。だが、それ以降は敵を一気に攻め切ることができず、中部ヨーロッパ戦線は膠着状態に陥った。攻めあぐねる連合軍と、執拗に抵抗するドイツ軍。二世部隊は、その戦場に投入されたのである。

ビフォンテーヌの森の広場には、小さな石碑が立っている。

「一九四四年十月。第三六師団第四四二連隊戦闘部隊、第一〇〇歩兵大隊、同師団第一四一連隊第一大隊の勇敢な米国兵士たち、当地を解放するために英雄的に死す」

六十八年前の十月、二世部隊は、敵に包囲された同胞のテキサス部隊を救出すべく、広場の奥に広がる深い森に入って行った。死闘の末、テキサス兵二百十一名を見事救ったが、二世部隊自らは、およそ八百名の死傷者を出すという大きな犠牲を払った。石碑を囲んで行われた式典で、美しく響くフランス語のスピーチを聞きながら、私は亡くなった二世兵士たちのことを考えていた。

誰だって、こんな異国で死にたくはなかっただろう。今だって、この村の存在を知る人は少ない。ましてや二世兵の父母にとって、息子が死んだビフォンテーヌの森は想像もおよばぬ遠い土地だったにちがいない。しかも、彼らの親の多くは収容所の中にいた。戦後になっても、年齢や懐事情を考えれば、父や母はこの地を訪れることなく鬼籍に入ったことだろう。そう考えたら、急に涙が流れ出た。

二世兵は、差別に喘ぐ家族や同胞を、彼らが暮らす故郷を、故郷を支える国を守るために、痛々しくも厳かに自らの命を差し出した。みんな、二十歳かそこいらの青年である。もちろん、戦争なんかない方がいいに決まっている。それを承知の上で、それでもなおかつ私は泣いた。

ゴー・フォー・ブローク、当たって砕けろ

第一〇〇大隊が、いまだアンツィオでドイツ軍と対峙していた四四年四月二十二日、

約一年の訓練を終えた第四四二連隊戦闘部隊の第一期兵、およそ三千五百名の一団が、ヨーロッパへ向け米本土シェルビー基地を後にした。連隊のモットーは、「ゴー・フォー・ブローク――当たって砕けろ」。ワシントンDCに近いニューポート・ニューズ港から、約一カ月かけて海路ナポリ港へ。

この船に乗船したドン・セキは、「ナポリの記憶は、廃墟、干からびた死体、蠅、貧困」と、そのむごさに首を振る。ダニエル・イノウエも同じ船でナポリに着いたが、娼婦の群れに衝撃を受けた。瓦礫の街でイノウエは、少女に手を引かれ彼女の家まで連れて行かれる。狭いあばら屋には、両親ときょうだいがひしめき合って暮らしていた。

「(両親は) 私のじゃまにならぬように年端のいかない子どもたちをおい払ったりした。ぼろぼろのカーテンのむこうには、もっとぼろぼろのベッドが一つあった。……これがあなたとうちの長女のベッドですよ、という意味のことを、両親ははっきりと口にした」(『ダニエル・イノウエ自伝』森田幸夫訳、彩流社)

ゾッとしたイノウエは、ポケットにあった物を一切合切ベッドに置くと、あばら屋を飛び出したという。

ナポリに数日滞在後、第四四二連隊はローマの北、約八十キロのチヴィタベッキアに向かった。チヴィタベッキアは、ティレニア海に面した街で、支倉常長ら慶長遣欧使節団（一六一五年）が上陸した港でもある。連隊は、ここで実戦に向けた最終訓練を受けたが、その露営地に、「アンツィオの戦い」を終えた第一〇〇歩兵大隊が合流した。六月十日、第一〇〇歩兵大隊は、組織上、第四四二連隊戦闘部隊に組み入れられ、第四四二連隊自体もサレルノ以来、第一〇〇大隊が属した第五軍第三四師団の傘下に入る。

第四四二連隊に合併されたとはいえ、師団長は、第一〇〇大隊に大隊名を残すことを認めた。異例の措置だが、それほど師団長が彼らを評価していた証拠である。

第四四二連隊戦闘部隊の兵力は、およそ四千五百名。主力歩兵戦闘部隊に第一〇〇歩兵大隊、第二、第三歩兵大隊の三個大隊、それに第五二二野砲大隊、第二三二工兵中隊、他に医療班や軍楽隊といった後方支援部隊で編制された。チャールズ・ペンス連隊長以下、大隊長や中隊長は白人将校が占めた。

イタリア北上、這って這って這う

二週間後、第四四二連隊はチヴィタベッキアを発ち、イタリア西海岸を北進した。

六月二十六日、第一〇〇大隊以外の者にとって初戦となる「ベルベデーレの戦い」が始まる。米軍の目標は、ベルベデーレの街を囲む高地。

第三大隊L中隊に配属されたドン・セキは、初戦の恐怖を鮮明に憶えている。

「夜襲だった。一緒にいた二世兵の足がちぎれ飛んで戦死した。俺は無性に喉が渇いて、壕にたまった水を飲みに行った。壕の中には、ドイツ兵の死体がごろごろしていたけれど、それでも水を飲んだよ。ひとりぼっちになって、恐怖感でいっぱいだった。そこに、高所からドイツ軍の機関銃が襲いかかったんだ。俺は、這って這って這った。どうやって包囲網から逃げ出したのか、戦闘がどれだけ続いたのかはわからない」

第二大隊G中隊のテツオ・アサト（八十七歳）は、怖い顔をしてこう話した。

「私は、たったの十九歳。仲間の死は見たくなかったよ。今でも死体の臭いが忘れられない。でも、戦場では感傷的になっている暇はない。さっさと仕事をして、そこを離れるしか生き残る道はないんだ」

ある二世兵は、初めてドイツ兵を撃った時の光景を以下のように語る。

「十フィート（註・約三メートル）先にいたドイツ兵が、われわれを見て逃げていくのをライフル銃（M1）で撃った。上体がすっ飛び、両脚だけが、そのまま走っていた」

（『ゴー・フォー・ブローク！』渡辺正清、光人社NF文庫）

二十六日夕方、二世部隊、高地占領。奪い取ったのは、先輩格の第一〇〇大隊だった。第一〇〇大隊は、この「ベルベデーレの戦い」と直後の「サセッタの戦い」が評価され、彼らにとって最初の「大統領部隊感状」を獲得した。これは、部隊に与えられる最高位の勲章で、第一〇〇大隊はその後も二度、大統領部隊感状を授与されている。

二世部隊はなおも北上する。セシナ川を越えると「アルノ・ライン」にぶつかった。南北に長く東西に短く、しかも山岳地帯の多いイタリア半島は、誠に防御戦に適している。アルノ・ラインとは、ドイツ軍が、アルノ川が西海岸のリグリア海に注ぐ付近から、南北を背骨のように走るアペニン山脈に沿って築いた約百二十キロの防衛線である。これを、越境すればフィレンツェが落ちる。

またしても、高所を陣取る敵との間で激しい戦闘が繰り広げられた。

日系部隊はここで二手に分かれ、第一〇〇大隊はナポリに次ぐ重要港、リボルノ（旧名・レグホーン）に進攻、入城（七月十九日）。他の部隊は、フィレンツェの南方で戦闘を続けた。

同じ夏、日本はサイパンが陥落し（七月九日）、東條内閣が総辞職（同十八日）、テニアン、グアムで日本軍玉砕（八月二日、同十日）。秋には、フィリピンのレイテ島にマッカーサーが舞い戻る（十月二十日）。

フランス―親日的なブリエールという街

四四年九月二十七日、フランスで苦戦中の第七軍からの援軍要請で、第四四二連隊は第五軍を離れフランス戦線に向かった。イタリアから海路、南仏マルセーユ港に。二世部隊は、ここで第七軍第三六師団に配属された。第三六師団の別名はテキサス師団。一八三六年に、アラモ砦でメキシコと戦った「アラモ隊」を原隊とする、米陸軍最古参の由緒正しい師団だ。両者は二年前、本土マッコイ基地で出会い、「モンテカッシーノの戦い」ではともに参戦した。

第四四二連隊が、マルセーユから陸路ローヌ平原を抜けて、ヴォージュ地方ブリエール周辺に至ったのは十月十四日。そこには、国境を死守せんと背水の陣で臨むドイツ軍が待ち構えていた。

ブリエールは、ビフォンテーヌの森から西約六・五キロに位置する人口三千人余の小さな街だ。小さいながらも、鉄道や街道が交差することから要衝だった。日系部隊が接近した時、この街も四年におよぶナチス・ドイツの占領下にあった。

ドイツ軍は、ブリエールの守備にあたり、街を見下ろす四つの丘に堡塁《ほうるい》を築き、随所に武器と兵士を潜ませた。逆に米軍は、何よりも先にこれらの丘を奪う必要があった。十五日、日系部隊、針葉樹で覆われたブリエールの丘に進軍。複雑な樹海が広がるため、地元のレジスタンスと接触し道案内に付けた。

この辺りは、秋になると長雨が続く。緯度は樺太並みの北緯四十八度だから、秋雨とはすなわち氷雨、あるいはみぞれを意味する。日系部隊が丘に入ったこの日も、氷雨が降っていた。

雨、ドイツ軍の高所攻撃、地雷——状況はモンテカッシーノ戦に極めて近かった。ひとつだけ異なるのは、「ツリーバースト」が加わったことだ。ツリーバーストを訳せば「炸裂した木」。二十メートルもある大木の先に敵弾が当たり、炸裂した木が凶器となって猛速度で降り落ちた。

ある二世兵士は日記に綴る。

「イタリアでは、敵がどこにいるかたいていわかった。だがここでは、敵は森や山の随所に潜んでいる――前、後ろ、横、さらには地面にも。塹壕や機関銃巣が実に巧みに隠されているので、すぐそばまで行って初めてぎょっとする有り様だ」("Brigde of Love" John Tsukano, Hawaii Hosts, Inc.)

この日記を載せた『Bridge of Love』には、ブリエールを囲む四つの丘のひとつ、米軍が「D高地」と呼んだ丘の写真が二枚掲載されている。戦闘前には緑豊かだった丘が、戦闘後すっかりはげ山に変貌した姿は、硫黄島戦を連想させる凄まじさである。

やがて、丘での戦闘に加えてブリエールの市街戦が始まった。

第二大隊F中隊の炊事兵、ロナルド・オオバ(前出)が回顧する。

「ブリエールでは、実にたくさんの兵士が亡くなりました。私が、ある二世兵に声をかけると、彼は『近づくな、話しかけるな』とすごい剣幕で怒鳴りました。『もう誰とも知り合いになりたくない。腸が飛び出した仲間の姿をこれ以上見たくない』と」

一般に、炊事兵は後方支援に回る。しかし日系部隊は違った。前線ぎりぎりまで同行し、できうる限り米を調達、ブイヨンを溶かし醤油代わりにしては和食を供した。兵士にとっては、ありがたくも頼もしい存在だった。その炊事班すら拒絶するほどの多大な犠牲を払いながら、米軍がブリエールをほぼ掌握したのは、戦闘開始から四日目、十八日の夕方だった。

ブリエールの「第四四二連隊戦闘部隊通り」の表示板

私がブリエールを訪ねた日も、氷雨がそぼ降り山々は白く煙っていた。戦後、人の流れが郊外に分散し、ブリエールは、時代から忘れられたようないささか寂しい街になった。この街の石造りの建物は、壁面が水玉模様になっているものが多い。砲弾の痕を漆喰で埋めたから、そこだけ色が違うのだ。そんなブリエールには、「第四四二連隊戦闘部隊通り」と命名された道があり、その先にあるかつての戦場へと至る小高い丘には、「第四四二連隊記念碑」が建っている。

ビフォンテーヌで式典があった同じ日曜日、ブリエールも解放記念日を祝った。「nisei」という単語が、これほど自然に使われる街はフランスにも他にないだろう。この日、学生たちのブラスバンドが街を練り歩いた。バンドの後ろを、米仏両国旗を振りながら行進するブリエール市民。その舗道には、第四四二連隊の徽章《きしょう》、松明《たいまつ》をモチーフとした絵柄がしっかりと描かれていた。

「失われた大隊」救出──勲章など捨てたかった

ヴォージュ地方の街道は緩やかなつづれ折りが続き、その合間にぽつんぽつんと、民家が身を寄せ合うように集った農村が点在する。ブリエール解放後、日系部隊は近隣のビフォンテーヌ村とベルモン村でも戦い、これらの農村を解放した。戦いを終えて、ベルモン村で十日ぶりの休息に入った時には、二世兵全員が綿のように疲れ切っていた。だが、その彼らに、突然の戦闘復帰命令が下る。ビフォンテーヌの森でドイツ軍に包囲されたテキサス兵を救出せよとの軍令、いや大統領直々ともいえる指令だった。テキサス師団の第一四一歩兵連隊第一大隊が、山中で孤立したのは十月二十四日。同大隊通信班から師団司令部に届いた暗号電は、「食糧なし、水なし、弾薬なし、絶望的」で、生存は一刻を争う状況にあった。

「失われた大隊（Lost Battalion）」のニュースがアメリカ本国に報道されると、国民はラジオに齧りついて救出を切望した。なんといっても、アメリカ人が矜持とする部隊なのだ。とりわけ、地元テキサス州選出の上院議員は、ルーズベルト大統領に救命を直訴し、大統領もこれを承諾するという特別の事態となった。反対に、救出を命じられた二世兵は、満足な休息も与えられぬまま捨て石のごとく前線に送り込まれたのだった。

「失われた大隊」の古戦場は、ル・トラパン・デ・ソールと呼ばれるビフォンテーヌの森の鞍部だ。昼なお暗い戦跡には、現在も無数の塹壕が苔むす地面に口を広げ、朽ちた爆弾が生々しく転がる。樹木にもいまだ弾丸が残るため、この辺りの材木工場は特別な金属探知機を備えているという。地雷は戦後ドイツ人捕虜が除去したが、いずれにしても数多《あまた》の若者の血を吸い込んだ森である。

ル・トラパン・デ・ソールに向けて、負傷兵や重火器部隊を除く日系部隊千二百名が出陣したのは、十月二十七日の夜明け前。敵に察知されないように、光源を一切消し縦列になって人間の鎖を作りながら進軍した。森の暗さは、目の前にかざした自分の手さえ見えないほどだった。深い霧に覆われたその森の中は、ドイツ兵がウヨウヨと潜伏する巣窟と化していた。地雷が炸裂し、砲弾が降り、ツリーバーストが刺さり、樹木の陰に隠れた狙撃兵が容赦なく襲いかかる。テキサス大隊に一歩近づく度に、次々と友が倒れ死んでいった。

氷雨は、やまない。

前出の二世兵の日記。

「真っ暗闇の森、不吉な前兆をはらんだ沈黙、この恐ろしさはたとえようもない。時折、僕らの頭をよぎるのは、父さん、母さん、きょうだい、あるいは恋人、妻、子どもたちと一緒にいる平和で暖かい夢のような場面。そこに突然一発の砲弾が放たれ、頭の中の夢ごと沈黙をぶっ飛ばす。目の前にある現実は、ただ恐ろしく神経が崩壊しそうだ。特に、爆弾が僕らのすぐそばで爆発した時には。一発一発が、僕らの神経を食い潰していく。人間の肉体は、どれだけこれに耐えられるのか。神経の許容範囲に限界はあるのだろうか。……まるでロシアン・ルーレット……これが戦争なんだ」（"Bridge of Love"前出）

眠ることもできず食糧も尽き、寒さで筋肉が震える中、水分を補給するために尿を飲むような状況は、三日目を迎えていた。その時、突然、前方隊からひとりの兵士がガバッと起き上がり、腹をえぐるような雄叫びを上げて敵に突撃した。それを見た他の二世たちも、彼を追って狂ったように駆け出した。日本軍の玉砕を連想させることから、後に「バンザイ・アタック」と敬意をもって呼ばれた二世兵士の決死の突撃だった。

先陣を切ったのは、第三大隊I中隊のバーニー・ハジロウ（故人）である。ハジロウは一九一六年（大正五年）、マウイ島の砂糖キビ・プランテーションに生まれ、幼い頃から、自身も十時間一ドルで野良仕事せざるをえない貧困家庭に育った。真珠湾攻撃の直後に徴兵され（開戦後、日系人の新規入隊は中止されたが、混乱期故、こういう例も少なからずあった）、第一三九九工兵部隊を経て第四四二連隊に異動、欧州戦線に加わった。戦場では常に千人針を腹に巻いていた彼の、I中隊での役割はライフル兵。

小柄で痩せぎすなハジロウは、ピジン英語でカキッカキッと早口に話した。

「あの日、私は仲間とふたり壕の中にいました。初めに私が肩と頰を撃たれ、直後に仲間が戦死した。上官もすでに死んで、指揮する者など誰もいなくなっていました。なんとかしたかった、やらなきゃならんかったです。どのくらい突撃が続いたかは憶えていません」

話をするハジロウの瞳が鋭く光る。

彼の後方三十メートルの位置にいたI中隊のシュウジ・タケモト（九十五歳）は、「バンザイ・アタックは午後二時頃、二十分くらい続いた」と記憶する。ハジロウに続いて突撃したK中隊のルディ・トキワによれば、「バンザイやゴー・フォー・ブロークとは叫んでいない。そんな明確な言葉を叫ぶには恐ろしすぎた」("Bridge of Love"前出)。

バンザイ突撃した二世は、ドイツ軍の砲弾を浴びてバタバタと泥の中に沈んでいった。ハジロウも敵の機関銃巣を破壊後、重傷を負い野戦病院に運ばれた。

ハジロウは、インタビューの最後に言った。

「この話はできればしたくないのだけれど、あの時、『ママ、ママ』と言いながら死んでいった仲間の姿が忘れられない。本土の二世でした」

ハジロウの射るような瞳から涙がこぼれた。

バンザイ突撃に次ぐ熾烈な白兵戦の末に、日系兵がテキサス部隊を救出したのは十月三十日夕方。この日、氷雨は雪に変わっていた。

第四四二連隊、軍医のミノル・マスダは、妻への手紙にこうしたためた。

「私たちはびしょ濡れだった。死傷兵も包帯もすべてが濡れていた。何もかにもがズブ濡れだった」("Letters from the 442nd" University of Washington Press)。

「失われた大隊」救出劇を、米陸軍は今「史上最重要の十の戦い」のひとつに数える。だが、それにいたる犠牲はあまりにも大きかった。二百十一名のテキサス兵を救うのに、八百名もの二世兵が死傷した。たとえば、ハジロウのI中隊で生き残ったのは、ライフル兵八名、後方隊を含めてもわずか十数人だ。中隊は、通常百八十名から二百名編制である。それは、「戦死者を記録する鉛筆の芯がなくなってしまうほど」(K中隊、チェスター・タナカ) の惨さだった ("Go For Broke" Chester Tanaka, Go For Broke Inc.)。

それなのに、山を下りていくテキサス大隊とは裏腹に、日系部隊には逃走するドイツ軍の追撃が命じられた。撤退命令が出たのは、およそ十日後。

ドン・セキは、その間に左腕を失った。

「夜だったよ。機関銃でいきなり撃ちまくられた。撃ったドイツ兵は見ていない。最初は何も考えられなかったし、痛くもなかったよ。仲間が野戦病院まで担いでくれて、そこで血止め薬を塗られモルヒネを打たれた。その後病院に送られて、ペニシリンを三時間ごとに二週間打たれ続けたな。腕は切断され、骨を整えるために削る手術を三回受けた。病院勤務の大佐とキムが来て、パープルハート勲章をくれたけれど、ベッドの脇のゴミ箱に捨てたい気持ちだった。みじめで胸が痛かった」

セキが言及したキムとは、第一〇〇大隊のリーダー格だった韓国系アメリカ人将校、ヨンオク・キムのことである。キムは、日系部隊に配属された時、日系と韓国系や中国系が不仲なことを承知していた上官から転属を勧められたが（実際、それ以前の韓中系士官は全員転属した）、「我々は同じアメリカ人」と毅然と主張し日系部隊に残った。非常に優秀で人徳のある人物だったようで、二世兵で彼を褒めぬ者はない。

キムは後に大佐にまで昇進したが、「良い指揮官とは？」の問いに、「異常なまでに冷静なこと、人生で最も大切なのは生きることと知っていること、周囲から運の良い奴と思われること」と答えている。

ドン・セキは、その後六カ所も病院を転院、翌年のクリスマス直前に故郷のハワイに帰郷した。四六年十二月退役。

「子どもや孫に戦争の話はしない。思い出したくないんだ。腕は、犬に噛まれたと言っているよ」

ヴォージュの戦いは、十一月十二日、フェイ村付近で行われた閲兵式で幕を閉じた。戦死傷兵が多く、整列する二世兵の姿はまばらだった。ジョン・ダルキスト師団長が、

「全員集合と命じたはずだが」と不満げに言うと、横にいた将校が答えた。
「閣下、これが全員であります」

二度目のイタリア戦線、ゴシック・ラインに死す

多くの二世兵士がヴォージュで命を落とした頃、日本の若者たちもまた大海原に散っていた。劣勢を挽回できず追い詰められた日本軍は、特別攻撃隊を戦術に加えたのだ。特攻機が初めて出撃したのは、フィリピン、レイテ沖海戦（四四年十月二十三日～二十六日）。初特攻は、海軍の「神風特攻隊」によるものだったが、陸軍も「富嶽隊」がこれに続いた。その後も日本軍は次々と特攻隊を編制し、終戦までに、陸海軍併せて一万四千人余の若人が散華した。

学徒出陣で海軍に入隊した竹宮帝次は、山口県岩国市で基礎訓練後、広島の大竹海兵団、中国旅順の海軍学校（教育隊）、再び大竹の海軍潜水学校と各地で訓練を重ねていた。四五年初夏、二十一歳の海軍少尉、竹宮は、広島県呉市倉橋島の潜水特攻基地で「蛟《こう》竜《りゅう》」の艇長に任命される。蛟竜は、終戦までに約百二十隻完成された、幅が「人間ひと

り入る程度」で長さ二十六メートルの五人乗り特殊潜航艇。爆弾を積んで敵艦に体当たりする、つまりは潜水艦の特攻隊である。

竹宮は言う。

「特攻は志願といいますが、でも、自分ひとりだけ嫌だとは表明できないですよ。海軍では、死ぬために学んでいたってことです」

弱冠二十一歳の艇長は、死を覚悟しつつ呉にいた。


四四年十一月、フランスでは、ヴォージュ一帯の戦いを終えた第四四二連隊が南仏に向かっていた。コートダジュールと海岸アルプス地方で偵察、警備にあたるためである。二世兵は、南仏の日々を「シャンペン作戦《キャンペーン》」と呼び、戦争中の唯一の楽しい思い出として懐かしむ。偵察や警備はもちろん危険な任務だが、彼らがそれまでに体験した惨烈な戦闘とは較べようもない穏やかさだった。シャンペンを飲みながら、「これで帰郷」と期待した二世兵も多かった。

しかし、彼らの戦いは終わっていなかった。春、四五年三月二十三日、日系部隊はマルセーユ港からイタリア、リボルノ港に送られた。秘密任務のため、エンブレムやヘルメットは身に付けるなとの指示が出た。第一〇〇大隊や第四四二連隊第一期兵にとっては、再びのイタリア戦。ヴォージュにおける大量の死傷兵を補うために、本土シェルビー基地からも千二百十四名の日系補充兵が加わった。

連合軍は、「グスタフ・ライン」や「アルノ・ライン」を突破後、北へ北へと勢力を広げたが、イタリア北部の山岳地帯は依然として敵の手中にあった。ドイツ軍は、斜塔で有名なピサ北方から、アペニン山脈に沿った全長約二百四十キロに「ゴシック・ライン」防衛戦を敷き、連合軍の北上を阻止していた。千八百メートル級の山々が連なるゴシック・ラインには、自然の岩石を利用しコンクリートで固めた要塞が、なんと二千四百も築かれていた。

ゴシック・ラインの西部にあたるピサ付近を担当したのは、英軍、ブラジル軍他、米軍では黒人兵のみで編制された第九二師団（兵力一万四千名）、別名バッファロー部隊。しかし、五カ月もの間進展が見られず、米軍は精鋭部隊の第四四二連隊を投入したのである。二世部隊のイタリア再登板を、ドワイト・アイゼンハワー元帥に特別要請したのは、モンテカッシーノ戦やアンツィオ戦をともに戦い、二世兵の実力を充分に承知したマーク・クラーク大将だった。

リボルノ港から北イタリアに上陸した二世部隊は、大理石の産地で有名なピエトラサンタ市に移動、山中に野営し出陣に備えた。そしていよいよ、四月三日から四日の夜間にかけていくつかの部隊に分かれ、ドイツ軍の〝最後の砦〟、ゴシック・ラインの切り立った山岳地帯に向けて出発する。

今、「切り立った」とひと言で書いたが、実際にゴシック・ラインを眺めるとその険しさに驚くばかりだ。ゴシック・ラインの名称は、尖塔が特徴的なゴシック建築から採っている。私がこれらの山々を見た時、頂は白銀に輝いていた。てっきり雪かと思ったのだけれど、そうではなく「大理石が露出しているのだ」と地元の人が教えてくれた。「だから滑りやすい。へたをすると谷底にまっさかさまだ」とも、その人は付け足した。

その滑る険阻な山道を、暗闇の中、地雷を避けながら日系部隊は進軍した。目標は、米軍がジョージア高地と呼んだモンテ・デ・リパと、標高九百十一メートルのフォルゴリート山。戦法は、夜明け前の奇襲。二世兵は南北に分かれ、五日午前五時を合図に挟み撃ちに打って出た。ドイツ軍は予期せぬ奇襲に混乱をきたすも猛烈な砲弾を浴びせたが、日系部隊は他の部隊が五カ月も難渋したモンテ・デ・リパを三十二分で、フォルゴリート山を二時間の速攻で攻略した。

だが、これはゴシック・ライン攻防戦のほんの口開けにすぎなかった。二世兵は、その後も来る日も来る日も険峻な山や尾根を登り続け敵と戦った。中には、遠くジェノバやトリノまで遠征した部隊もあった。

第二大隊E中隊第一小隊長のダニエル・イノウエが右腕を失ったのは、フォルゴリート山の北方、ネッビオーネ山中のことだ（四五年四月二十一日）。

「少し神経がいかれていたのか、今から思うと、まるでシルベスター・スタローン演じるランボーのよう」と小さく笑って、イノウエは状況を説明した。

まず、彼は機関銃で脇腹を撃たれた。それでも、敵に手榴弾を投げつけようとピンを抜いた瞬間、相手の小銃擲弾《てきだん》が、バシッとイノウエの右肘に当たり爆発した。「愕然としながら」肘を見ると、ほぼもぎ取られて「ブラブラしていた」が、手榴弾はあいかわらず握ったままで、感覚を失った右手の中で「カチカチと音を立てていた」。このままでは爆発すると気づいたイノウエは、咄嗟に左手で右の掌から手榴弾を引き離し敵に投げた。命中。ところが、瀕死の敵がいまわの一撃を放つ。その銃弾が、今度はイノウエの右足に当たり、彼は丘から転落した。しばしの気絶後、意識が戻った時には、切れかけた右肘から「血が、間欠泉のように脈打って」吹き出していた。イノウエは、むき出しになった肉の中に左手を突っ込み、必死で動脈を見つけギュッと抑えつつ衛生兵の到着を待った――。

本人が言う通りまさにランボーだ。戦場とは、なんと血腥《なまぐさ》い……。イノウエは、その後病院に移送され八回の手術を受け、時には週に十七回もバッファロー部隊の黒人兵から輸血を受けた。

ゴシック・ラインに突破口を開いた第四四二連隊はその後、ピエトラサンタやラ・スペチアなどイタリア北西部諸都市を解放。イタリア戦線は、イノウエが片腕を失ってから十一日後の四五年五月二日に終了した。

今、ピエトラサンタの「ゴシック・ライン戦没者広場」には、ひとりの二世兵士の銅像が建っている。

「サダオ・ムネモリ。二十二歳。ロサンゼルス出身。アメリカ合衆国第四四二連隊戦闘部隊第一〇〇歩兵大隊。一九四五年四月五日、ゴシック・ラインに死す。二〇〇〇年四月二十五日　ピエトラサンタ市建立」

地元産の大理石で出来た台座には、こんな文字が刻まれている。A中隊のサダオ・ムネモリは、モンテ・デ・リパで敵の手榴弾が味方の塹壕に落ちた時、その身で手榴弾を覆い仲間を守った。ムネモリは即死、仲間に手負いなし。戦後アメリカは、命がけで同胞を救ったムネモリに日系人で初めて、軍人個人に与えられる最高位の勲章、名誉勲章を授与した。勲章を受け取ったのは、出征時マンザナ収容所で別れたきりの母だった。

ドイツ進軍、ユダヤ人を収容所から解放

「シャンペン作戦《キャンペーン》」後、第四四二連隊は南仏からイタリアに向かったが、第五二二野砲大隊だけは、米第七軍とともにドイツに進駐した。三つの戦闘部隊を中心におよそ六百五十名の二世兵から成る第五二二野砲大隊は、第四四二連隊の一部隊でイタリア上陸以来ともに戦ってきた。彼らの任務は、歩兵大隊の後方から敵に砲弾を放ち、歩兵の前進を援護すること。ドイツで、第五二二大隊は必要に応じて各師団に派遣されたが、終戦までにおよそ二十五の師団に付き、合計三千キロを踏破した。

第五二二大隊がドイツに越境したのは、ヴォージュ山脈の北、ザール川からである（四五年三月十二日）。この川は、独仏国境線上にドイツ軍が要塞群を構築した「ジークフ

リート線」の中央部にあたる。ドイツに入った第五二二大隊は、ハイデルベルク、シュトゥットガルトと東南方面に進攻し、四月二十六日にドナウ川を越えた。

同大隊C中隊のススム・イトウ（前出）が語る。

「地雷原でしたが、ドイツ軍の抵抗はあまりなく、かなりの速度で進軍しました」

ドナウ川からさらに南下した第五二二大隊は、同二十九日、ミュンヘンの手前十五キロ付近でダッハウに到着した。ダッハウの街は、異様な空気に包まれていた。幽霊のような者たちがさすらっているかと思えば、道端には、死体や痩せこけた人々が横たわっていた。死んだ馬の肉を引きちぎり、食らいついている者もいる。

「共通しているのは、皆が一様に青と灰色の縦縞の服を着ていることでした。雪が降っていました。四月末というのに積もっていました。私たちは、工場のような建物の中に入って行きました」

イトウと同じ中隊にいたジョージ・オオイエ（故人）がそこで見たのは、戦慄の光景だった。

「まず見えたのは雪でした。それから、凍死寸前の骸骨のような人々と死体の山が目に飛び込んできました。私は全身が硬直して、どうしていいのかわからなかった……」

四四年夏にイタリア戦線で負傷後、南仏で第五二二大隊に復帰したウォーター・イノウエも語る。

「建物の玄関が開いていたから入ったんだ。倉庫があったので開くと、床から天井まで靴でいっぱいだった。安物の布で出来た履き古しの靴さ。子どもサイズのものもあったよ。意味がわからなかったけれど、得体の知れない何かを感じて背筋が凍った。後で、それが虐殺された人々のものだと知ったんだ。あの場面を思い出すと、九十七歳になった今でも涙が出てくる」

オオイエはドイツ駐屯中の後日、上官からある写真を見せられた。

「上官は、私たちが入り込まなかった奥の部屋にも行ったんです。写真には、人間の皮膚で作った婦人用手袋やランプシェード、それに、陰嚢に重しをぶら下げられ磔《はりつけ》にされた人が写っていました。その時はただ愕然としましたが、後になって私は、人類の原罪について考えるようになりました。私がやったことじゃありません。しかし、あれが人間の本性なのかもしれません。ただ、人には選択という余地がある、そう考えると少し救われるのです」

この時、二世兵にも現地の米軍自体にすら知識がなかったが、彼らは強制収容所に遭遇していたのだ。戦中、ナチス・ドイツは、国内と衛星国の各地にユダヤ人や政治犯他の強制収容所を作り、それぞれに補助収容所を置いた。ダッハウでは、三三年の開設から終戦までに二百カ所もの補助収容所が作られたが、本収容所と併せてこの期間に二十万人が収容され、四万一千五百人が虐殺された。

四五年四月末、連合軍のミュンヘン接近を察知したゲシュタポ（ドイツ秘密国家警察）は、連合軍から強制収容所の存在を隠すために、ダッハウ収容所の囚人を大移動させた。「死の行進」と呼ばれた隠蔽工作である。この工作により、収容者は路上に放り出された。中には、門を閉ざしたままナチ親衛隊（ＳＳ）が逃走し、囚人を置き去りにした収容所もあったが、それらのひとつを最初に解放したのは二世の偵察兵だった。

ドイツとアメリカの強制収容所は質も内容も格段に違うとはいえ、〝収容所の息子たち〟が、秘密のベールに包まれたナチ強制収容所を、数多《あまた》いる連合軍兵士の中でもいち早く解放したことに、歴史の運命を感じる日系人は多い。

この時、米軍が解放した収容者は全三万二千人に上る。

一九四五年五月七日、ドイツ降伏。五年八カ月の長きにわたった第二次世界大戦のヨーロッパ戦線がようやく終焉を告げた。

ホワイトハウスでトルーマン大統領に迎えられる二世部隊（四六年七月十五日）National Archives

だが、ドイツ降伏に関する二世兵の感想は存外あっさりしている。それは、「この頃になると、敵兵は少年と年配者だけになっていたし、軍服さえ不統一で終戦は近いと感じていた」（ジョージ・オオイエ）からだ。シュウジ・タケモト（前出）にいたっては、「ドイツ兵数名を捕らえたけれど、皆少年だったので武器だけ取って逃がした」ほどだった。

欧州戦の終戦から一年余り経った四六年七月十五日、ホワイトハウスの芝生には第四四二連隊戦闘部隊、およそ五百名とトルーマン大統領の姿があった。大統領は、

「諸君は、敵ばかりでなく偏見とも戦った。そして、そのどちらにも勝ったのだ」

とスピーチし、日系部隊にとっては七つ目になる大統領部隊感状と特功大統領章を叙勲した。この戦争に参戦した二世の忠義が、国のリーダーによって高々と宣言された瞬間だった。

二世部隊の実働戦闘期間は二百二十五日。その間に八百六十名が戦死、六十七名が行方不明、九千四百八十六名もの青年が名誉戦死傷章、パープルハート勲章を受けた。

フミタケ・ナガトの父、文蔵は、アリゾナ州のポストン強制収容所で息子の戦死通知を受け取った。戦死通知には、フミタケの短い生涯、最期の地はフランス、ヴォージュ地方と書かれていた。

文蔵は、翌日の日記にこう記した。

「四四年十一月五日　今早朝より一天墨を流したやうに曇って地響きのする雷鳴は今次世界大戦の激戦場愛息の墓所たる仏国の戦線も斯《かく》やあらんと偲ばせる。

加州に芽生へし　一重の桜　仏の国にぞ　散るぞ嬉しき

母は涙で濡れた絞ぼれば水の滴る様なタオルを顔一面に被ふて時々鼻啜《すす》りが聞へるだけで一寸起床し相にもない」

第八章　大日本帝国に残された二世

「東京ローズ」を知っているか？

アメリカの二世がヨーロッパや太平洋で戦い、強制収容所に抑留されていた頃、日本でもまた約二万人の二世が戦争に巻き込まれていた。

これら在日二世の中で、最も有名で悲劇的なのが「東京ローズ」こと、アイバ・トグリ・ダキノだろう。実際、私が取材した元日本人捕虜たちも、米兵から盛んに「東京ローズを知っているか？」と尋ねられたと語った。

東京ローズとは、戦争中、日本が流した英語の謀略宣伝ラジオを聴いたＧＩ（米兵）

たちが、女子アナウンサーに付けた〝愛称〟である。彼女が、誘惑するように語りかけることから、「声のピンナップガール」と呼ばれ、GIたちに絶大な人気を博した。東京ローズの人気は、銃後の米本土にも伝わり、コミックや映画にも登場するほどだった。

アイバ・トグリは、一九一六年（大正五年）、ロサンゼルスに生まれた。山梨出身の父は食品雑貨店を経営、家庭は豊かで、日系としては珍しく同胞とのつきあいはほとんどなかった。アイバの日本語は、二世の中でも格段に劣っていたという。国籍に関しても、出生時は日米二重国籍だったが、十六歳時に日本国籍を除籍、アメリカ国籍のみになっている。

アイバが来日したのは四一年七月、叔母の見舞いのためだった。来日から四カ月後、日米間に暗雲を感じた彼女は、十二月二日横浜発ロサンゼルス行き「龍田丸」の切符を手に入れた。しかし、書類の不備で乗船できずに終わる。

とはいえ、仮りに乗れたとしても結果は同じだった。三九年に勉学のために来日し、やはり戦争を危惧してこの船に乗った二世の川本徳幸（八十七歳）が回想する。

「五日目の朝だったと思います。甲板に、『政令により日本に引き返す』という掲示が貼り出されたんです。理由が書かれていなかったので船員に訊くと、『戦争だ！』と。

あの船は、物凄く揺れたんですよ。後でわかったのですが、通常ルートより北上していたんですね」

そう、龍田丸は、開戦を秘すために初めから戻ることが定められた〝おとり船〟だったのだ。

川本は終戦間際に日本陸軍に徴兵され、戦後は日本人と結婚、現在も日本に居住する。日本に足止めを食った形のアイバは、生活のために同盟通信社や日本放送協会（NHK）で、海外放送の傍受や英文タイプのアルバイトを始めた。またこの頃、国際赤十字を通じて、家族がヒラリバー強制収容所（アリゾナ州）にいることを知る。国際赤十字は、戦時中、在日二世が家族と通信できる唯一の機関だった。

日本放送協会海外局を実質的に指導したのは、陸軍参謀本部第二部第八課である。同課は、欧米人捕虜を使い、厭戦気分を誘うラジオ番組を、南太平洋前線のGI向けに放送することを計画。そのために、放送知識のある欧米人捕虜をプロパガンダ活動の本拠地、「駿河台技術研究所」（千代田区「文化学院」を接収）に秘かに集め制作にあたらせた。

こうして四三年三月、英語のラジオ番組『ゼロアワー』が誕生する。内容はニュース、音楽、アメリカ人捕虜の家族への手紙、それに女子アナによるディスクジョッキーなどで、前線の兵士が夕食を取る前後の時間帯に約六十分放送された。

海外局米州部業務班のタイピストだったアイバが、突然、『ゼロアワー』のアナウンサーに抜擢されたのは同年十一月のことだった。彼女の声は美声とはほど遠かったが、制作班チーフ格のオーストラリア兵捕虜が、アイバの荒く、ややもすると酒焼けしたような声に惚れ込んだのだ。アイバは気乗りしなかったが、参謀本部の命令だと言われれば引き受けざるをえない。

『ゼロアワー』の放送は、たとえばこんな風だった。

「サンキュー、サンキュー、サンキュー。今夜も、あなたたちの宿敵からごきげんよう。へィ、GI、太平洋の孤児さんたち、スウィング・ミュージックは『ゼロアワー』で聴きましょうね。太平洋にさまよえる孤児さんたち、良い子でいるのよ」（"Tokyo Rose" Tokyo, Japan, 1945/09/20/ National Archives）

確かにいささか挑発的な調子ではある。ただし、アイバの役割は原稿を読み上げるだけであり、また、『ゼロアワー』には、他に数人の二世女子アナがいたことを忘れるわけにはいかない。

アイバの受難が始まるのは、終戦直後の四五年九月五日。この日、彼女は占領軍に呼び出され『ゼロアワー』に関する取り調べを受けた。その後、釈放と逮捕、再釈放を繰り返した後の四八年八月、今度は米司法省の指示で逮捕されてしまう。容疑は「国家反逆罪」、原告は「アメリカ合衆国政府」だった。当時の米国民は、戦争に落とし前を付ける生け贄を探していた。有名な東京ローズは、その格好の餌食になった。

日本からサンフランシスコに護送されたアイバの判決が下ったのは、四九年十月。禁固十年、罰金一万ドルの有罪だった。東京ローズなるものが、日本を含むアジア各地のプロパガンダ放送で「英語を話す女子アナ数人」の総合体であり、なおかつ放送自体も、国家反逆罪とはほど遠い内容だったにもかかわらずである。

有罪により市民権を剝奪され無国籍になったアイバは、ウエストヴァージニア州アンダーソン女囚刑務所に六年二カ月服役。釈放後は、シカゴで父の店を手伝う他、世間との関わりを避け孤独な生活を送った。七七年（昭和五十二年）、ジェラルド・フォード大統領の特赦で米国籍を復活した時には、すでに還暦を過ぎていた。二〇〇六年（平成十八年）九月二十六日、脳梗塞で永眠（九十歳）。戦中日本で結婚した夫のフィリップ・ダキノ（日本人とポルトガル人の混血）とは、ともにカソリックのため離婚はしなかったが、服役前に会ったきり生き別れのままだった。

戦中、在日二世は二万人

戦争中、日本に居住した二世、二万人の来日および在日理由は三つに大別される。

ひとつは、アイバや川本徳幸のように、親戚の訪問や日本での教育を目的に数カ月から数年の短期滞在の予定が、開戦によってアメリカに帰国できなくなったケース。

二つ目は、竹宮帝次の家族のように排日のためアメリカに見切りをつけたケースで、ここには、より良き職を求めた人々も含まれる。たとえば、一九一六年（大正五年）ロサンゼルス、リトル東京生まれの梅田重時は、カリフォルニア州立大学バークレー校でエンジニアリングの学位を取得したが、「同級生が楽々とロッキードやダグラスに入社したのに、自分にはまったく門戸が閉ざされていた」。そこで四〇年八月に来日し、三菱重工業に入社。梅田は、終戦まで名古屋航空機製作所で零戦《ゼロ》の設計に携わったが、同社には、マサチューセッツ工科大学（MIT）卒業生など六人の二世がいたという。

三番目は、「日米交換船」で日本に来た人々。日米交換船とは、日米間で相手国に居住する自国民を交換し合った船のことで、二隻の船が日米からほぼ同時に出航し、中間

一九四五年十一月二十四日、シアトル港を発つノーノー組　WRA, National Archives

地点の中立国で落ち合い乗船者を総入れ替えした後、再び互いの国に戻った。

戦中、日米交換船が出航したのは二度。第一次交換船（四二年六月出港）の乗船者は、野村吉三郎、ジョセフ・グルー両国大使他、日米ともに政府関係者が中心だった。ツールレイク隔離センターにいたノーノー組が乗ったのは、第二次交換船（四三年九月出港）である。ただし、帰国希望者が殺到したため、戦後まで隔離センターに留め置かれたノーノー組も多い。逆にアイバは、アメリカに戻る交換船への乗船を希望したが、資格や金銭面で断念している。

日本に来たノーノー組の総数は、戦中戦後併せて四千七百二十四名。戦後第一陣は四五年十一月二十四日にツールレイクを出発したが、荒廃した日本を見て愕然とした。ロサンゼルスの日系紙『羅府新報』には、「鶴湖帰国者の叫び」と題して、帰国者がツールレイクに残る兄夫妻に送ったこんな手紙が掲載されている。
「鶴嶺湖《つるれいこ》で強硬派で鼻息の荒つた連中も日本の現状を目のあたりに見てガッカリしてをります。帰国請願で祖国日本の土を踏んだ帰国者は異句同音《ママ》に米国に居住すればよかつたと本音を吐いてをります。何卒当地の皆様に呉々《くれぐれ》もお伝へ下さつて再考を促す様にお計らひ下さい」（四六年二月四日）
「父は、死ぬ間際に告白しました。自分は、船が浦賀に着くまで日本の勝利を信じていたと。いわゆる『勝ち組』だったのです」
と語ったのは、ロサンゼルス近郊生まれの「帰米」、ヘンリー・ヤスダ（八十四歳）。日系社会の指導的立場にいたヤスダの父、誠一は、開戦後ＦＢＩに検挙されクリスタルシティ抑留所（テキサス州）に送られた。戦後、自ら望んで帰国した誠一の驚き、落胆、後悔は想像するに余りある。

ここで少し、国籍法について触れておきたい。
日本では、一八九九年（明治三十二年）の国籍法で「海外で生まれても、父親が日本国籍保有者であれば日本国籍を有する」と定められた。これはその後、一九一六年（大正五年）と二四年（大正十三年）、二度の改正を経て、「海外でも、生後十四日以内に内務大臣（あるいは日本政府の現地出先機関）に届け出なければ、日本国籍は有しない」とされ、さらに日本国籍の放棄も認められて、「十四歳未満の二世は両親か保護者代理が、十五歳以上の二世は自ら手続きできる」ようになった。

かたや、アメリカの国籍法は属地主義で、米国生まれの者は全員が両親の国籍を問わず米国籍を有する。一世の親たちはすすんで二世の日本国籍を届け出たので、二世の大半は日米二重国籍だった。米国籍しか持たなかったアイバは少数派に属する。

先に、竹宮帝次が特高の執拗な監視に悩まされたと書いたが、都市部にいた二世には同じ経験をした者が多い。特にアイバのように米国籍のみの二世には、特高が日本国籍の取得を高圧的に迫った。人気二世ジャズ歌手のベティ稲田は、心ならずも〝日本帝国臣民〟になったが、それは以下の事情のためだった。

「満州巡業でも国内の慰問先でも、控室からめったに出なかった。外では下ばかり向いて歩いた。何げなく山や工場や町並みに視線をあてていても、スパイとして密告される恐れがあった」（「〝二つの祖国〟をスイング」堀和久、『実録・山河燃ゆ』所収、ゆまにて）

このような重圧がかかる中、米国籍のみの二世は次々と日本国籍を取得したが、一貫して抵抗した者がいた。アイバである。その点、彼女は見事に祖国アメリカへの忠誠を貫いたわけだが、皮肉にもそれこそが国家反逆罪の扉を開いてしまった。なお、特高の二世対応に全国基準はなかったようで、地方によっては一切干渉されなかった二世がいたことも記しておきたい。

さて、承知のように日本は戸籍制度を採っている。したがって、徴兵制度があった当時、男子は一定の年齢に達すると戸籍を元に軍隊から召集された。これは二重国籍の二世も例外ではなく、さらにいえば、彼らは日本軍に入隊した時点で実質的に米国籍を失った。というのも、米連邦法で市民権を失う行為に「外国軍に入隊」の項目があるからだ。大日本帝国陸海軍軍人になった二世は、三千名から五千名といわれる。

これら軍人になった二世は別として、開戦以来、アメリカからの仕送りが途絶えた二世たちは、どんな職業で生計を立てていたのだろう?

やはり多かったのが、英語を活かした職業だ。『ゼロアワー』を制作した日本放送協会海外局には、たくさんの二世男女が集ったが、その中には先のベティ稲田や、森山久（森山良子の父）、ティーブ釜萢（かまやつひろしの父）らミュージシャンの姿もあった。他に、アイバも一時期勤務した同盟通信社、外務省ラジオ室、国内各地および海外の陸海軍情報部、赤十字なども二世の多かった職場である。この内、外務省ラジオ室には、三九年（昭和十四年）に外務省主導で創立した二世教育機関、「敝之館《へいし》」の国費留学生が動員されたし、広島では第二総軍司令部情報部が二世女子を徴用し、米短波を傍受する「特情班」を設けた。

その他、捕虜収容所の通訳になった二世もいたが、そのひとりで京都府大江山捕虜収容所に勤務したトモヤ・カワキタ（三九年来日、明治大学）は、戦後アメリカから国家反逆罪で起訴され、国外永久追放の身となった。戦中、捕虜を虐待したカワキタは、その事実を伏せて戦後アメリカに帰国。ロサンゼルスのデパートにいたところを、偶然にも元捕虜に発見されFBIに通報されたのだった。二世で反逆罪に問われたのは、彼とアイバふたりだけである。

捕虜を虐待した二世には他に、陸軍参謀本部に接触し、『ゼロアワー』を含む数々の謀略宣伝工作に関わった元在米日系紙記者のジョージ・カズマロ・ウノもいる。

カワキタやウノは、二世を差別したアメリカへの怨みをはらした特殊なケースといえようが、大方の二世は戦時下の日本で現実を受容、周囲に順応したようだ。また、そうすることが身を守る上で最大の武器にもなった。

「洗脳っていうのは効くもんだねぇ」

そう言って笑ったのは、サクラメント出身の川本稔（九十一歳）である。三五年（昭和十年）、排日のために一家で日本に戻った川本は、和歌山高等商業学校（現・国立和歌山大学）から三井物産入社後の四三年十一月、日本陸軍に召集された。

「八年間の軍国教育で、僕は頭がガチガチになっていた。日米どちらかと訊かれれば、間違いなく日本の味方でした。そういう二世は多いんじゃないですか。ただし、国力の違いは充分にわかっていましたよ。二世には生まれつき、二つの国を比較できる客観性が備わっているんです」

日米両国を知る川本は、戦後、石橋湛山首相や犬養健法相の秘書を勤め、日本初の高速道路「名神高速」の開通に尽力するなど、日本の復興に大いに寄与した。

再び昭和二十年夏、戦艦ミズーリ号上にて

昭和二十年八月十五日、竹宮帝次は、横浜、慶応大学日吉校舎、海軍の軍令部にいた。

死を覚悟して、広島県呉市倉橋島の潜水特攻基地で「蛟竜《こうりゅう》」の特攻出撃命令を待っていたところ、七月末、軍令部からアメリカの短波ラジオを傍受する任務を受け横浜に移動したのだ。

海軍は、戦争末期、海外通信の情報収集に力を注いだ。その任務に駆り出されたのが、二世兵たちだった。たとえば、連合艦隊最後の特攻出撃「天一号作戦」（四五年四月六日出航）に参加し、戦艦「大和」や巡洋艦「矢矧《やはぎ》」他とともに海に沈んだ五名の二世は、軍令部特信班の情報通信兵だった。同六日、空には三百機もの特攻機が舞った。日本航空史上最大の特攻作戦「菊水一号作戦」である。この特攻作戦で命を落とした若人に、カリフォルニア出身の二世、松藤大治がいる。

今や、日本の敗北は明らかだった。それなのに、大本営はあいかわらず日本軍の大戦果を報じていた。一日中ラジオを傍受していた竹宮には、大本営発表の嘘が手に取るようにわかった。ある日、米KGER放送から「日本はポツダム宣言を受諾する用意あり」との情報が流れる。最初は敵の謀略放送かと疑ったが、中立国も同じ報道を始めるにおよび敗戦を確信した。だから、数日後に玉音放送を聴いた時も、混乱する国民とは対照的に竹宮はひどく冷静だった。

「これで軍隊から解放される」
軍を去ろうとした竹宮はしかし、軍令部から思いがけぬ命令を受けた。

八月二十六日、夜の館山沖。日吉から横須賀鎮守府に送られた竹宮は、この夜、弾薬や魚雷をすべて取り除き、大砲に白旗を掲げた駆逐艦「初桜」上にあった。初桜の中で、水平線の向こうに大挙して現れるはずの米艦隊を待っていた。

翌二十七日午前十時半、米第三艦隊数十隻が相模湾に入る。竹宮は、大谷稲穂海軍軍務局大佐、高崎能彦横須賀鎮守府大佐とともに戦艦ミズーリに向かった。

身体検査後、短剣とベルトを取られてミズーリに乗艦すると、三人は士官室に連れて行かれた。銃を持った米兵に囲まれた狭い士官室は、まるで蒸し風呂だった。

「暑い、暑かった。これ、汗です」

東京都下の老人施設の一室で、竹宮が、写真に映った軍服の黒い部分を示した。それがあまりにも広範囲なために、私がてっきり服の紋様と思い込んでいた箇所である。それほど「猛烈な暑さ」だった。

そのサウナのような室内で、押し問答する場面はあったのだろうか？

「ないですねぇ。天皇が無条件降伏したのだから、海軍としてはのむ以外にない。『You want this? We can not give it to you.（これが欲しい？　否、ダメです）』という話じゃないですから。『We want this. That's it.（要求はこれ、以上）』だから、通訳はシンプルです」

時折、大佐らが「無理だ！」と声を荒らげる場面もあったが、竹宮は「無条件降伏です、のむしかありません」と伝えた。トラックや乗用車、宿泊施設、食料、医薬品——「通訳はシンプル」とはいえ、横須賀や東京進駐のために必要なものを次々と告げるアメリカ側の過酷な要求に、プレッシャーは凄まじかった。交渉は午後六時まで続いたが、三人とも水も飲まずトイレにも行けなかった。

「出ていいと言われるまで、そこにいるしかないです」

「戦争に負けるというのは、そういうことなんですね？」

「そうです」

だから、交渉が終わった時はほっとしたが、次には要求を具体化する大仕事が待っていた。他の兵隊は敗戦後、軍を除隊したのに「自分の戦争は続いていた」。

二日後、横須賀鎮守府の〝開城〟準備完了。横須賀連絡委員会は住民に、

「進駐を行ふ時間危険防止のため横須賀市域居住者は屋内にとどまるべく、車馬の運行は禁止せらる」

と呼びかけ、神奈川県では、次の文章を記した『住民心得』を配布した。

「外国兵ト色々ナコトデ個人的ニ交渉シナケレバナラヌ場合ガ起ツテモ努メテ冷静沈着ナ態度デ応対シ自分ノ権利（生命、貞操及財産）ハ飽迄《あくまで》自分デ主張スルコトガ必要デアル」

（『占領史録』江藤淳編、講談社学術文庫）

八月三十日、一万七千名余の米兵が軍艦から続々と上陸。遂に進駐が開始され、横須賀鎮守府は米海軍基地に変わった。竹宮は、「今度こそ軍から解放される」と安堵したが、またしても運命に翻弄されてしまう。初代基地司令官、オスカー・バッジャー少将が自身の通訳に竹宮を指名、司令部配属を申し渡したのだ。

「やりたかったわけじゃない。あんたはここにいろと命令されたんです。特攻と同じですよ。基地からは離れたかったです。でも、戦争に負けたのは私ですからね。ここから出ちゃダメだと言われれば、従うより他なかったわけです」

第九章　GHQ

降伏調印式、通訳将校のモノクロームな一日

「私を乗せたC47機は、日本本土に向かっていました。途中、窓から富士山が見えました。でも、かつて登った荘厳な富士とはまったく違う山でした。富士は、失われた街の上空に幽霊のように佇んでいました」

詩的な言葉遣いで、戦後初めて日本を訪れた時の思い出を語るのは、マッカーサーと同じ一九四五年（昭和二十年）八月三十日に、日本に降り立ったトーマス・サカモト（九十四歳）である。サカモトはこの日未明二時、外国報道陣の通訳将校として沖縄から厚

木海軍飛行場に向かった。彼が富士登山をしたのは、三七年（昭和十二年）、熊本の九州学院時代。九州学院は竹宮帝次も卒業した高校で、サカモトは竹宮の五年先輩にあたる。

一九一八年（大正七年）、サンノゼ生まれのサカモトは、三四年（昭和九年）に来日、両親の故郷、熊本に四年間居住した。アメリカに帰国後の四一年二月、米陸軍に徴兵されたが、半年後ケイ・ラスマスン陸軍情報部語学学校長にスカウトされて、第一期生、選りすぐりの六十人のひとりとなった。卒業後は、同校教諭、ニューギニア戦の語学兵、ブリスベンの連合軍翻訳通訳部を経て、四四年十月、マッカーサー軍団とともにフィリピンに渡った。

「厚木に到着後、横浜に向かったのですが、大人は皆建物の中に隠れて、たまに子どもの姿が見える以外に人影がありません。道路の両脇に、銃を外側に向けた日本兵が立っていました」

同じ光景は、ジョージ・フジモリも見ている。彼は終戦直後、占領軍の一員になった。

「俺の仕事は、『米兵は危険じゃないので、家から出ても大丈夫』と、スピーカーで話しながら街中を歩いて回ることだった。その意味じゃ、戦争中、フィリピンでやったことと同じさ。五人の二世がチームを組んで、一カ月くらいだったかな。俺の担当は横浜方面だったけれど、同じことは全国的に行われたんだ。上野公園にも出張したよ。池に、自殺した女性の死体がたくさん浮いていた。『死ぬな』と語りかけたが、なかなか聞いてもらえなかった」

終戦から四日目の八月十九日、日本の使節団（代表・河辺虎四郎陸軍中将）がマニラに赴き、マッカーサーの側近、リチャード・サザーランド参謀長ら米軍代表と進駐に関する協議を行った。この時、米側通訳を務めたのがサカモトだった。マニラで少尉に昇進したサカモトは、三十日、厚木に向かう。

米陸軍が、日本に第一歩を踏み入れたのは八月二十八日である。一行は空挺師団の通信技術兵と戦闘部隊百八十八名で、到着したばかりの厚木飛行場にて、陸軍の有末精三中将他と日本における初の公式会合を持った。竹宮がミズーリ号上で、米海軍の進駐要求を通訳したのが前日の二十七日。陸海両軍は、ほぼ同時期に日本占領の最終確認をしたことになる。

八月三十日の厚木上空は忙しかった。早朝から夕方まで三分おきに飛行機が着陸し、全四千二百名の米兵を運んだ。レイバンのサングラスをかけたマッカーサーが、例のコーンパイプをくわえて愛機、「バターン号」のタラップを下りたのは午後二時五分。

厚木飛行場で会見するマッカーサー。一人置いた後ろにトーマス・サカモト　National Archives

その様子を、翌日の朝日新聞は、

「梯子を下りる前扉のところでや〻しばらくた〻ずみ、左右に眼をくばつて、写真班のためにポーズをつくる。やがて梯子を下りて飛行場の夏草の上に立つた。大男である。六尺一、二寸もあらうか」

と伝えた。戦中、日本国民に「♪いざ来いニミッツ　マッカーサー　出て来りゃ　地獄へ逆落とし」(『比島決戦の歌』)と、詩に詠われたマッカーサーが遂に「いざ来た」瞬間であった。

マッカーサーは、飛行場で立ったまま短い記者会見を行った。

「メルボルンから東京まで……思えば長かった」

マッカーサー元帥の後方に、サカモトの姿が見える。会見後、元帥一行は横浜に向かい、ここに「米太平洋陸軍総司令部」を設置した。

三日後の九月二日、サカモトは早朝五時に駆逐艦に乗り横浜港を出発、東京湾に停泊するミズーリ号上の人となった。日本の連合国に対する降伏調印式において、報道陣の通訳を務めるためである。東京湾には、ミズーリ号の他にも数十隻の軍艦が浮かんでいたが、日本軍の機雷網を縫ってこれらの艦を無事湾内に導いたのは竹宮だった。

「ミズーリでは、平和の象徴で兵士が銃を天に向けていました。白い制服の水兵たちが、セカンドデッキ、ブリッジはおろか、大砲の上やマストの先にまで鈴生《な》りになってピースを叫んでいた。お祭り騒ぎです。定刻の九時少し前、騒然とした雰囲気の中、軍楽隊が『アンカーズ・アウェイ』を演奏し、続いて海上から、米軍大佐に導かれた日本代表一行が甲板に現れました。お祭り騒ぎは、一気に鎮まり静寂が訪れました」

日本全権団は、天皇と政府の名代に重光葵《まもる》外相、大本営陸海軍部代表に梅津美治郎参謀総長以下、全十一名。竹宮の姿はここにない。「上海事変」後の爆弾テロで右足を失った重光は、義足のためステッキに頼りながらゆっくりと歩を進めた。ペリーが、日本に開国を迫った時に使用した星条旗をわざわざ飾ったミズーリの右デッキには、降伏文書署名用の机が置かれていた。サカモトは、そのすぐ脇の報道陣用特設サブデッキという好位置に付く。机を隔てた真正面には、ウィリアム・ハルゼー米第三艦隊提督がいた。

日本全権団と、すでに乗艦していた連合国代表団は机を挟んで対峙した。マッカーサーはノーネクタイのコットン・ユニフォーム、重光はシルクハットにモーニングと対照的な出で立ちだった。

「重光さんも梅津さんも、刀の一本も差していません。日本で剣道や武士道を学んだ私には、ふたりの姿が非常に哀れに映りました」

マッカーサーの演説が始まる。

「この厳粛な式典を機に、流血と蛮行の過去から、より良き世界が信頼と理解の上に築かれ、人類の尊厳と人類の最も希求する……」

マッカーサーは全世界に向けて、彼の生涯でもとりわけ格調高い演説を流麗に語った。しかし、サカモトには演説よりも「静寂」の方が深く胸に刻まれた。

「進行はすべて、ハンドシグナルで行われました。勝者と敗者の間に一切言葉は交わされなかった。残酷なまでの静寂。私は激しく心を揺さぶられ、真珠湾攻撃、家族を訪ねた収容所、戦場、そのどの時よりも感傷的になっていました。調印式のあらゆる場面が、どんよりとモノトーンの記憶として残っています」

「九時三分、日本全権団署名。九時七分、マッカーサー署名」（「ニューヨーク・タイムズ」四五年九月二日）

調印式は、およそ二十分で終了した。爆音とともに、第三艦隊の艦載機千五百機とB29、四百三十機が誇らしげに東京湾上を舞う。

二世なくして成り立たなかった占領行政

この瞬間から日本は、連合国、実質的にはアメリカの占領下に置かれた（〜五二年四月二十八日）。同じ敗戦国のドイツでは、連合四カ国による直接統治が実施されたが、GHQは日本において、「終戦連絡中央事務局」など日本政府の窓口に指示する間接統治を採用した。占領軍の数は、「当初アメリカ軍約五〇万であったが、漸次縮小し、一九四八年には本土の場合、約一〇万余にまで減少した。しかし朝鮮戦争の頃には再び漸増し、占領終結近くの一九五一年末には二六万であった」（『日本占領』竹前栄治、中央公論社）。

ちなみに、現在日本に駐屯する米軍は三万五千人である。

占領軍は、マッカーサー連合国最高司令官（兼米太平洋陸軍最高司令官）を頂点に、頭脳の役割を果たすGHQと、米第八軍などの実戦部隊で構成された。占領行政は非常に複雑だが、GHQを縦糸、実戦部隊を横糸と考えればいいだろう。多くの二世が活躍したのはGHQの方である。

GHQのスタッフは、終戦直後には少なかったが四六年以降急増し、四八年最盛期の総数は、「文官三八五〇人をふくみ六〇〇〇人近く」（『昭和財政史・第三巻・終戦から講和まで』大蔵省財政史室、東洋経済新報社）。では、その中に何人の二世がいたかだが、確かな記録はないものの「ゴー・フォー・ブローク全米教育センター」では、「陸軍女子部隊（WAC／戦中、占領期を通じて約三百名の二世女子が従軍）も含めて、占領期に総勢八千人の二世が関わった」と推定する。

GHQ研究の第一人者、竹前栄治氏が解説する。

「彼らなしでは、占領行政が成立しなかったほど二世は活躍しました。とりわけ『帰米』の貢献が顕著でした。実際、初期のGHQは白人中心でしたが、それではどうにもならず徐々に二世スタッフを増やしたのです」

氏の言葉を裏付けるように、陸軍情報部語学学校は戦後も閉校せず、占領期にも三千人の情報語学兵を育てた。同校は四六年五月卒業生を最後に閉校したが、その後はカリフォルニア州モンテレーに移り、「陸軍語学学校（ＡＬＳ）」と改名された後、「防衛言語研究所外国語センター」となって現在にいたる。

竹前氏が続ける。

「二世は大活躍したものの、昇進はまた別の話でした。戦中戦功を上げたとはいえ、あの当時のことですから、どうしても上に白人がいて、その部下が二世という構造ですね。将校になった二世は一部ですし、佐官ともなるとアイソひとりだけだったのではないでしょうか」

読者は覚えているだろうか、アイソとは陸軍情報部語学学校の教育主任だったジョン・アイソのことである。アイソは終戦後ＧＨＱ入りし、参謀第二部のチャールズ・ウィロビー傘下、少佐にまで昇進した。

ヒエラルキーの下部にいた二世より、もっと下にいたのが在日二世だった。彼らの多くは進駐軍に雇用されたが、日本人待遇だったため、給料はアメリカ二世の七分の一程度、進駐軍専用車や宿舎、食堂他の利用も禁じられた。

ＧＨＱの一員に、ケンジロウ・アクネの姿があった。

四名の日本人捕虜をニューデリーに移送したケンは、終戦の三カ月後、中国から沖縄、厚木経由でアメリカに帰郷した。厚木で給油を待つ間、進駐軍名簿を調べると、二年前にサベッジ基地で別れた兄の名を見つけた。ケンは慌てて休暇を取って、仙台に駐屯中の兄を訪ねる。兄は、ニューギニアやフィリピンの激戦地を生き抜いたと語った。

兄に会うために往復した日本の光景に、ケンは衝撃を受ける。

「焼け野原。人々は、煙草の吸い殻に群がり物乞いをしていた。どの街角にも、娼婦が立っていました。あれほど誇り高い国民が……」

アメリカに戻ったケンは軍を退役、ＧＨＱに職を得て四六年九月、今度は軍属の立場で来日した。自分が日本に暮らすことで、父やきょうだいを少しでも助けたかった。

来日当初、ケンが住んだのは大蔵省（現・財務省）。当時、大蔵省はＧＨＱの重要拠点で、上階は、大部屋に二段ベッドが何十も並ぶ宿舎になっていた。地下には、ボーリング場まであったというから驚く。占領軍の記録には、大蔵省の窓から洗濯物がぶら下がる不思議な写真が散見する。

ケンは滞日中に幾度か住居を変えたが、その中には「東京裁判（極東国際軍事裁判）」の舞台となった市ヶ谷の旧陸軍省もあった。一九七〇年（昭和四十五年）、三島由紀夫が割腹自殺を遂げた場所である。この建物の一部も、占領中は単身者用宿舎に改造されていた。ケンの部屋は十畳程度、二名使用でトイレは共同。簡素ながらも、バラックや駅構内で凌ぐ周囲の日本人とは較べようのない快適さだった。

GHQ時代にはまた、生涯の伴侶にも出逢っている。同じ職場にいた二世で、たまたま日本旅行中に開戦、故国に戻れず戦中を日本で耐えた人だった。四八年十一月、占領軍が運営する東京の教会で結婚。ふたりは、いずれアメリカで新生活を築くことを誓い合う。

天皇とふたりきり

横浜から東京に移ったマッカーサーが（九月八日）、日比谷第一生命ビルを接収し、「連合国最高司令官総司令部（GHQ／SCAP）」を開設したのは十月二日。以来、マッカーサーは皇居前広場を見下ろすこの城に君臨し、憲法改正や「五大改革指令」など日本のあらゆる分野に指揮をふるった。

マッカーサーは在任中、四五年九月二十七日を皮切りに天皇と計十一回会談している。通訳は、宮内省御用掛や外務省参事官が務めたが、第五回から第七回に限りGHQ側のスタッフが担当した。彼らの氏名はいまだ明かされないものの、カン・タガミ（故人）はそれと目されるひとりである。

語学兵だったタガミは、英軍管轄下のクアラルンプールで終戦を迎え、四六年秋、GHQに配属された。横浜に着くと「前任者が帰郷とのことで、なんとマッカーサーの専属通訳」を命じられた。「天皇・マッカーサー会談」通訳説を亡くなるまで否定し続けたタガミだが、少くとも一度天皇と面会している、それもふたりきりで。

「四八年でした。夕方ゴルフから帰ると、マッカーサーから『急遽天皇を訪問せよ』との命令。米報道陣の取材が殺到し、宮内府（現・宮内庁）が断っていいものか迷っているという情報が元帥の耳に入ったのです。マッカーサーは貴族的体質の人で、天皇には敬意を払っていました。それで、『プライバシーは大事なので、遠慮なさらずご自分で決めてください』との伝言を私に託したわけです。大慌てでシャワーを浴び、七時半頃、自分で運転して桜田門をくぐりました。皇居では小部屋に導かれ、侍従からそこで待つようにと言われました。ひとりになった私は、遠い昔のことを思い出していました」

「帰米」のタガミは、少年期を広島で過ごした。その広島に、摂政宮時代の天皇が訪問した際、タガミの学校では全校をあげて広島駅にお迎えに行った。

「駅は何百何千もの人で溢れていました。天皇はまさに神の扱いです。私は、天皇を見ようと少し頭を上げたところ、先生に見つかり頭を押さえ付けられた。その自分が、征服者の軍服を着て天皇に会うなんて――。しばらくして、私が入ったのとは別の扉が開き天皇が現れました。正装に近い姿です。お互い礼をして、小さな円卓を挟んで座り五分ほど日本語で話しました。ふたりきりでした。最後に天皇は、『二世は、日本とアメリカの橋渡しを大変よくしてくれている。中尉ありがとう、今後もよろしく』とおっしゃいました。帰途、お堀は往路ほど広くは見えませんでした」

〝古い日本〟の文化を保持する二世にとって、天皇は特別な上にも特別な存在だ。タガミは、いまだに信じられないといった表情で話を締めくくった。

マッカーサーが日本を去ったのは、五一年（昭和二十六年）四月十六日。朝鮮戦争の指揮に関し対立したトルーマン大統領に解任されたためだった。後任には、マシュー・リッジウェイ陸軍中将（同年五月十日、大将に昇進）が就いた。タガミは、マッカーサーと同時にGHQを辞めた。マッカーサー、ジーン夫人、ひとり息子のアーサーと側近、それに主治医を乗せたバターン号が羽田空港を飛び立った数分後、タガミも羽田を後にした。

ボスはマッカーサーの〝愛すべきファシスト〟

GHQは、九つの幕僚部（後に十数部に増設）と四つの参謀部から成っていた。この中で、二世が最も多く在籍したのが参謀第二部（G2）である。G2を統括したのは、開戦直後にマッカーサーがフィリピン、バターン半島に後退して以来、常に行動をともにした「バターン・ボーイズ」のひとり、チャールズ・ウィロビー。強烈な反共思想者の彼を、マッカーサーは〝愛すべきファシスト〟と呼んだという。

G2の中でも、とりわけ二世、それも戦中の情報語学兵が集中したのが翻訳通訳部（ATIS）で、占領期を通じ合計約四千名の二世が同部に所属した（「MIS北カリフォルニア倶楽部」）。ATISは一大集団を丸の内郵船ビルに築き、GHQ全体の翻訳、通訳の業務にあたった。部員は、他のセクションに派遣されることも度々で、たとえば憲法改正時の日米間折衝、東京裁判、連合諸国で行われたＢＣ級戦犯裁判、東條英機元首相の逮捕、巣鴨プリズン、淵田美津雄・真珠湾攻撃総隊長の尋問など、占領史のありとあらゆる場面に立ち会った。

Ｇ２には歴史課戦史編纂室もあったが、ここも二世の多い部署だった。河辺虎四郎、有末精三、服部卓四郎ら日本の元高級将校十数名を抱えていたからだ。これら高級将校は公職追放の立場にありながら、ウィロビーの計らいで追放を免除され戦史編纂室に雇用された。彼らの仕事は、表向き日本の戦史を口述することだったが、裏ではウィロビーと組んで、アメリカのための諜報活動や日本軍の復活工作をしたとされる。

ケンとビルマで同じチームだったクラーク・カワカミは、歴史課に配属された。彼によれば、「河辺、有末と一緒に働いている旧日本軍人およびその他のものも、この両名との毎日の接触にあたって、元の彼らの軍の肩書をそのままつけて呼ぶことが命令されていた」（『東京旋風』ハリー・Ｅ・ワイルズ、井上勇訳、時事通信社）。

大戦中、陸軍情報部語学学校のプロパガンダ文章クラスの主任を務めたジェームズ・オダも歴史課に在籍したが、「元日本軍人の話を聞いてリポートを書く仕事でしたが、沖縄はマッカーサーの管轄じゃなかったから、あまり米軍を褒めなくていいと言われたりしました」と苦笑する。オダが苦笑したリポートは、後に『マッカーサー戦記』となって刊行された。

占領期には、新聞、出版物、放送、演劇が検閲され、郵便物の抜き取り調査や電話の傍受も行われた。この業務は当初、エリオット・ソープ准将が局長の幕僚部民間諜報局が担当したが、四六年五月、ソープの辞任後はウィロビー傘下に入った。

G2民間検閲支隊・新聞映画放送演芸部で、芝居の検閲官を務めた元第一〇〇歩兵大隊オリジナル兵（九十二歳、匿名希望）が語る。

「戦後ハワイに戻っていたら、突然GHQから手紙が届き面接に来い、と。面接では、歌舞伎『お富与三郎』を読まされて、その場で採用が決まりました。新聞映画放送演芸部には、最盛期千名くらいのスタッフがいたんじゃないかな。僕は、演劇担当で大阪勤務でした。たとえば、金に困って女房や娘を売り飛ばすなんてシーンは不可。他に、封建的忠義を美化する芝居もダメでした。ただし、僕は『忠臣蔵』は通しましたよ。『忠臣蔵』は、日本人にとってお祭りのようなもの。これまで取り上げたら未来永劫アメリカを恨みますよと、上司を説得したんです」

二世を多く配したG2とは逆に、専門家を求めた故か、幕僚部に二世の姿はあまり見られない。それでも、憲法改正を主導した民政局には、ジョン・マキ（後にワシントン州立大学教授）やタロウ・ツカハラ（労働運動家）がいたし（ともに入局は憲法草案起草後）、経済科学局にはプロ野球に大リーグ方式を導入したツネオ・ハラダ、民間情報教育局には、『真相はかうだ』『尋ね人』『とんち教室』他、日本ラジオ史に残る名作を制作したフランク・ババが在籍した。

憲法草案に二世の影響は皆無に等しいが、唯一「作業に関わった」と語るのが、戦中に現在のペンタゴンにあたる陸軍省中枢部にいたジョージ・コシだ。幕僚部法務局に所属した彼は、「あれはマッカーサー作。日本人によるものではない」との見解を示す。コシは、さすがにペンタゴンの前身にいただけあって終戦直後に興味深い体験をしている。

「日本での最初の仕事は、対米開戦計画書を探すことでした。皇居地下の御文庫や御文庫附属室も捜索しましたよ。でも、敗戦の混乱で皇居でさえ書類が散乱していた。結局、書類は長野の『松代《まつしろ》大本営』で発見しました。それらを読んで感じたのは、日本はアメリカを知らないで戦争を始めたということ。アメリカも同様でしたが、真珠湾攻撃以降、貪欲に日本を研究したんです。そこが日米の大きな差ですね。また、日本は二世の存在は知っていたけれど、情報語学兵に関する知識は浅かったという印象を受けました」

松代大本営とは、戦争末期の遷都計画の一環で、長野県埴科《はにしな》郡松代町（現・長野市）の地下壕内に建設が進められていた皇居、大本営、政府機関のことである。こんな日本の深層にまで、二世は足跡を残していたのだ。

戦犯裁判――「壁にむかひて　ひとりわめきぬ」

日本社会の民主化と並ぶ占領行政の二本柱が、戦争責任の追及だった。そのために占領軍は、日本や連合国各地で戦争犯罪人（戦犯）を逮捕し軍事裁判を開いた。

戦犯裁判は大きく三つに分けられるだろう。ひとつは、重大戦争犯罪人（A級戦犯）二十八名を裁いた「東京裁判」（於・市ヶ谷極東国際軍事法廷、四六年五月三日〜四八年十一月十二日）、二つ目がマニラ軍事法廷における山下奉文大将（四五年十月二十九日〜十二月七日）と本間雅晴中将の裁判（四六年一月三日〜四六年二月十一日）、そして三つ目が、各国におけるBC級戦犯裁判で、BC級戦犯とは、一般市民や捕虜を虐待するなど戦争犯罪を犯した者を指す。

東京裁判の尋問で石原莞爾《かんじ》は、「日本の近代史を全部裁く、その責任者を追及するというなら、まずペリーを連れてくるのが先決だ」と反論したというが、人を喰った石原の発言があながち誤りともいえないほど、戦犯裁判は勝者が敗者を裁くという点、どうしても不公平さの残る結果に終わった。

ケンのＧＨＱでの配属先は、二世最大集団のＧ２翻訳通訳部（ＡＴＩＳ）。ここから法務局に派遣され、警視庁などで通訳にあたったが、最も長く携わったのが東京裁判だった。

東京裁判では最初、大勢の二世と一緒に日本人通訳が書いた英文書類を校正した。続いてＡ級戦犯容疑者、豊田副武《そえむ》元連合艦隊司令長官の弁護士の専属通訳となり、弁護士とふたりで巣鴨プリズンに豊田元司令長官を訪ねたり、彼の部下だった高級将校を取材して歩いた。

「東京裁判で裁かれたのは二十八名ですが、それに至るまでに百名以上がＡ級戦犯容疑者として逮捕されたのです。豊田さんはそのひとりで、結局不起訴になりました。大変柔和な紳士でしたよ。ただ、一度だけキッとなった瞬間があった。それは、弁護士が『部下に捕虜虐待を命じたか？』と訊いた時です。豊田さんは強い口調で『断じてない』と答えました。豊田さんにとっては、この質問自体が屈辱的だったのでしょう」

東京裁判には「数え切れないほど無数」（ケン）の二世が携わったが、その中には広田弘毅元首相と東郷茂徳元外相の弁護人を務めたジョージ・ヤマオカ、言語裁定官のディビッド・アキラ・イタミ、玄人はだしのサックス、トランペット奏者で、ジョージ川口他ジャズメンを育てたジェームズ・アラキらもいた。

BC級戦犯裁判については、テレビドラマや映画になった『私は貝になりたい』でご存じの方も多いだろう。BC級戦犯裁判は、審理、判決、処刑が極めて拙速だったこと、計八カ国で実施された裁判の規定が不統一だったことから、東京裁判以上の問題を残した。実際、被告合計五千七百人の内、九百八十四名が死刑判決を受けている。

横浜軍事法廷で通訳官を務めたウィリアム・オオスガは、「裁判が終結してみて、戦争犯罪裁判というものは、決して公正なものではありえないということを確信するようになった」と、自著に憤りを吐露する（『ある日系二世が見たBC級戦犯の裁判』大須賀・M・

横浜軍事法廷。B級戦犯裁判で通訳を務める二世兵
National Archives

ウイリアム、大須賀照子他訳、草思社)。

「帰米」で語学兵だったオオスガが、横浜でBC級戦犯裁判に関わったのは四六年一月から。日本におけるBC級戦犯の裁判所は横浜軍事法廷のみで、アイケルバーガー陸軍中将の米第八軍が管轄した。

オオスガは、三つの裁判で弁護団の通訳にあたったが、特に義憤を感じたのが、わずか「約二週間」で裁かれた弱冠二十七歳の元函館俘虜収容所第一分所所長、平手嘉一陸軍大尉のケースだった。五百名の捕虜を抱えた平手所長の収容所では、五十三名の死者を出したため、被告は、捕虜虐待と部下の管理不行き届きを問われた。

平手裁判では、収容所の衣食住に関する日

欧習慣の違い、捕虜たちの宣誓供述書の杜撰、ジュネーブ条約を無視した日本軍の苛酷な命令などの事実があったにもかかわらず、被告個人に死刑宣告が下った。

「絞首刑の判決が言い渡された瞬間、おそらく死刑までは予期していなかったであろう平手の顔から血の気がサッと引いてゆくのが見てとれた。私自身もまったく予期していなかった事態に、体の中から一気に血の気が失せたように感じられ、胸が痛む思いで呆然と立ちつくしていた」（『ある日系二世が見たBC級戦犯の裁判』前出）

平手はその場で憲兵に連れ去られ、オオスガが彼に会うことは二度となかった。オオスガは、平手が「無実の罪を着せられた」とは思っていない。しかし、「絞首刑はひどすぎる。こんなことがあってよいのか」という憤りは、今もなお「胸の奥底に宿ったまま」だ。

後年オオスガは、巣鴨プリズンの教誨師《きょうかい》、花山信勝の著書『平和の発見――巣鴨の生と死の記録』から、平手嘉一が最後の日々に書き残した詩歌と日記を見つけ強い衝撃を受ける。

「いかにとも　甲斐なき身には　今日もまた　壁にむかひて　ひとりわめきぬ」

第十章　占領軍、勝者の涙

第十章　占領軍、勝者の涙

第十章　占領軍、勝者の涙

自殺した「東京裁判」言語裁定官

帰米二世たちは、晴れて平和を迎えた日本で、家族や友人と久方ぶりの再会を果たした。しかし、それは必ずしも幸福に満ちたものではなかった。

兄とふたり、鹿児島に家族を訪ねたケンは、そこでふたりの弟が日本軍に徴兵されていたことを初めて知る。戦争末期、兵力に窮した日本は、まだ十代の弟たちさえ戦地に送ったのだ。特に三男は、特攻要員になっていた。米兵になった兄とケンに対し、帝国軍人の教育を受けた彼らの反応は険しく、家中に一触即発の重苦しい空気が漂った。

「その時、父が毅然として僕らを制したんです。『戦争は終わった、我々は家族なんだ』と。二世にとって父の言葉は絶対です。それで、喧嘩は収まりました」

ケンのGHQでの年収は三千ドル。決して高給取りではなかったが、家族に仕送りするには充分だった。弟たちとの溝も、親交を重ねるごとに埋まっていった。

ケンのケースは時間が解決してくれたが、反対に時とともに懊悩を深めた二世もいた。前章で名を触れたディビッド・アキラ・イタミ（一九一一年〜五〇年）、NHK大河ドラマ『山河燃ゆ』（八四年、原作『二つの祖国』山崎豊子）の主人公のモデルになった人物である。

戦前からイタミの「帰米」友だちだったマサオ・ヤマシロ（九十六歳）をロサンゼルスの下町にある自宅に訪ねると、「イタミ氏が侍精神と殉死したと捉えたり、英雄扱いするのはおかしいと思う」と開口一番に言った。そして、「彼の悲劇は『帰米』の存在なくして語れないのです」と力説した。

カリフォルニア州オークランド市で四人兄弟の末っ子に生まれたイタミは、郷里の教育を希望した父の意向で、二歳で鹿児島県始良《あいら》郡加治木町（現・始良市）の叔母の元に預けられた。この土地で彼は、鹿児島独特の心身鍛練道場「青雲舎」に通い、野太刀自顕《のだちじげん》流を習うなど、薩摩隼人の精神をたっぷりと吸って育った。加治木中学卒業後は、東京の大東文化学院（現・大東文化大学）に進み漢籍やインド哲学を学ぶ。

アメリカに戻ったのは三一年（昭和六年）。ロサンゼルス市内の大学に進み、後には日系紙「加州毎日」やワシントンDCの日本大使館に勤務した。また、この間に帰米二世と結婚し、戦中はマンザナ強制収容所を経て陸軍情報部語学学校の教諭を務めた。

この時、イタミの生徒だったのがケンである。

「とても真面目で聡明、申し分のない先生でした。責任感も大変強く『君たちだけを戦場に送るのはつらい。僕も行くべきだ』と常々言っていました」

四四年、イタミは、陸軍省の太平洋軍事情報調査機関（PACMIRS）に異動する。カズオ・ヤマネら二世兵が参加した「ベルリン日本文書奪取計画」のメンバーだったのだ。しかし、出発直前に記者の経歴をかわれて国内に残留した。

PACMIRS時代のイタミは、誰もが頭を抱えたある難解な盗聴録音テープを解読している。それは、鹿児島弁で交わされた曾木隆輝在ドイツ日本大使館書記官と外務省の国際電話通信だった。方言を使った交信は敵の盗聴を防御する典型的な手法で、米軍も戦中、ナバホ語を話すネイティブ・アメリカンの通信部隊を持っていた。日本政府の重要電信を解読した彼はしかし、深い自責の念に苛まれる。というのも、曾木書記官は鹿児島時代の大恩人だったからだ。

戦後、イタミは、東京裁判の言語裁定官（モニター）に任じられ十五年ぶりに日本の土を踏んだ。言語裁定官とは、通訳内容をチェックし、誤りがあればその場で訂正する者のことをいう。そもそも、被告の生死を左右する法廷通訳官は緊張を強いられる仕事である。ましてや、その通訳官をチェックする、それも、東京裁判というドイツの「ニュルンベルク裁判」をも凌ぐ〝世紀の裁判〟で行う重圧は想像を絶するものだった。

さらに、裁判が進行するにつれて勝者のエゴが浮き彫りになった。また、鹿児島に帰郷すると、家族や郷里の人々から「日本に弓を引いた」と批判されてしまう。ヤマシロは、「いかに米国に忠誠を誓おうと、彼にとって鹿児島は根っこ。故郷喪失の思いに心がむしばまれてしまったのではないか」と、同じ「帰米」としてイタミの痛みを推しはかる。イタミの言動は、次第に変調をきたしていった。

イタミが最後の日々に書き残した詩集には、『にんげん』と題したこんな詩が綴られている――「にんげんどもが／余りばかばかしいので／虫けらどもがわらってるだろう／おれたちの世界には／原子弾も戦犯もないのだと……」（四九年二月十七日）。

東京裁判後も日本に残り、軍属の立場でGHQ、G2翻訳通訳部に勤務していたディビッド・アキラ・イタミは、五〇年十二月二十六日にピストル自殺を遂げた。享年三十九歳。イタミは、二世や帰米の中でも特別な例である。彼が、全国でもとりわけ武士道や東洋思想の影響が強い地域と学校で学んだこと、陸軍の中枢部や東京裁判で、一般の二世兵なら知り得ない国家の深淵に触れてしまったことが悲劇の一因となった。

実は、大河ドラマ『山河燃ゆ』はアメリカで放送が開始されると、日系社会から抗議が殺到し放送中止に追い込まれている。抗議の理由は、「特別な人物を日本人好みに解釈した内容では、二世の忠誠心が歪曲される恐れがある」というものだった。

私は弟の特攻機を見た

日米に分かれて戦った兄弟が、戦地で実際に相まみえることはあったのだろうか？私が知る限りその例はない。しかし、それに近い話がここにある。

四六年の年初、ダン・オカ（当時二十六歳）はアリゾナの病院にいた。病名は結核、それに重度の鬱病。長い戦争で、オカの精神は衰弱し切っていた。実際、それまでのオカの軌跡は、太平洋戦史をなぞるような激しさだった。

ある日、入院中のオカの元に、東京のGHQに勤務する兄から手紙が届く。手紙には、懐かしい兄の筆跡でこう書かれていた。

「一九四四年十二月二十四日、四男タケオ、サイパン島付近で特攻死」


オカ（九十二歳）は七人兄弟の三男だ。カリフォルニアの穀倉地帯、サリナス近郊の零細農家だった両親には、一九一六年（大正五年）生まれの長男を皮切りに、ほぼ毎年のように男児が産まれた。オカ家の暮らしは厳しかった。両親は子どもを故郷の兄に預け、身軽になって仕事に専念することを決心する。二五年（大正十四年）、オカが五歳の時、兄弟は岡山の叔父の元に送られた。

三七年（昭和十二年）、十二年ぶりにアメリカに帰国。岡山には、まだ幼い弟たちだけが残された。四年後、日米開戦。オカは、米陸軍に徴兵された。

「日本に残った弟たちのことは、もちろん考ええました。年齢的に兵隊になるとも思いました。でも、考えたところでどうにもならなかった」

四二年暮、陸軍情報部語学学校に入学。同期には、ケンジロウ・アクネ兄弟がいた。

通常語学兵は六カ月かけて日本語を鍛錬するが、オカはわずか三カ月で「アリューシャン方面の戦い」に送られた。

「アラスカ周辺を、びっしりと米艦隊が包囲しました。私の任務は、グラント号上で大本営放送を傍受することでしたが、その『グラントを駆逐した』と報じていたのには驚きました」

部隊はその後、キスカ島へ向かう。

「玉砕攻撃の恐れがあるので、上陸時は非常に緊迫しました。ひとりの将校など、精神に変調をきたし自殺してしまったほどです。けれども、いざ上陸すると島はもぬけの殻。ただ、つい先ほどまで兵隊がいたのがわかりました。明かりが灯っていたし、黒板にも作戦が書かれたまま、それに倉庫にもたくさん日本の食糧が残っていました。これらの日本食は後日、本土の日系人収容所に送られたそうです」

四三年七月二十九日、日本軍は間一髪のところでキスカ島の兵隊救出に成功している。

四三年末、キスカからオアフ島の「太平洋地域統合情報センター（JICPOA）」へ。

「日本の軍需産業に関する分厚い本を翻訳する仕事でした。僕の翻訳は、爆撃隊に送られ本土空襲の資料にすると言われました。これが、何万何十万の日本人の死に繋がるのかと思うと精神的に非常にきつかった。原爆を知った時も、僕の翻訳がと考えてやり切れなかった」

四四年七月、今度はハワイからテニアン島へ。

「テニアンの戦い」（四四年七月二十四日〜八月二日）では、日本としては珍しく一万人もの民間人が自決せずに生き残った。一部の軍人が、「民間人が死ぬ必要はない」と説いたからである。ここでのダンの任務は、日本児童のために小学校を開校することだった。「日本の先生方に、軍国主義は教えないよう指導したり、子どもたちが野菜不足だったので、ハワイから種を仕入れて農地を作ったりしました」

翌年、再びオアフのＪＩＣＰＯＡに戻り、終戦はここで迎えた。戦争が続いていたら、九州に上陸する「オリンピック作戦」の要員だったので「心底ホッとした」という。

終戦の翌月、海兵隊とともにハワイから下関へ。

「佐世保を見た時、衝撃で精神的に追い詰められました。日本は何もかもがぺしゃんこになっていた。僕の翻訳が使われたんだと思うと……」

四五年十二月一日アメリカに戻り、ようやく、本当にようやく退役。直後にアリゾナの病院に入院し、そこで七年もの歳月を過ごした。

「兄の手紙を読んだ時、僕は大混乱に陥った。なぜなら、弟の特攻機をこの目で見ていたからです。四四年十二月二十四日の夜、テニアン島でした。日本の戦闘機二、三機が上空を通過したんです。米軍に墜とされるなと思いながら見ていたのでよく憶えている。横にいた将校も、『すぐにやられるよ。サイパン沖で米艦隊が待機しているんだ』と耳打ちしました。タケオは小学校教師でした。やさしい子だった。二十二歳でした」

広島、男たちが泣いた

四五年秋から翌年春にかけて、広島には国際赤十字、米合衆国公衆衛生局、戦略爆撃調査団、米陸海軍軍医部諜報部など、原子爆弾調査グループが相次いで訪れた。中でも、国際赤十字に続きいち早く広島に赴いたのが、原爆開発計画「マンハッタン計画」の現場責任者、トーマス・ファーレル准将を団長とする約十五名の調査団だった。一行は、四五年九月八日厚木飛行場を発ったが、同じ日、ミズーリ号の降伏調印式で通訳を務めたトーマス・サカモトも、外国報道陣をともない広島に向かっていた。

「飛行機に乗り込んだ記者たちは、とても興奮していました。誰もが、いの一番にヒロシマ・リポートを書きたがっていたのです」

ところが、広島に到着すると街は不気味な静けさに包まれていた。

「街全体から空気が吸い取られてしまったかのようでした。サイレント映画の中に迷い込んでしまった、そんな感覚に包まれました。広島には何もなく、ただ蝿だけがたかっていました」

一行は、赤十字病院に向かう。

「病院の中は死体だらけでした。ありとあらゆるところに人、人、人。女、子ども、老人のうめき声、強烈な臭い、溶けた顔、そして蝿……」

サカモトの顔が歪み、言葉がすすり泣きに変わった。

「……あの時を思い出すと、喉元が締めつけられてしまう……」

機内では威勢の良かった記者たちも、赤十字病院では歩を進めることができず入口付近に凍り付いた。

「帰りの飛行機では、誰もひと言も話しませんでした。私は軍人として第二次世界大戦、朝鮮戦争、ベトナム戦争を経験しています。でも、広島ほど惨《むご》い場所はなかった」

ハリー・フクハラが原爆のことを聞いたのは、ニューギニア戦線からフィリピンに移動し捕虜収容所で尋問をしていた時だった。

「最初は、これで戦争が終わるとうれしかった。でも、原爆が落ちたのが広島と聞いて愕然としました」

一九三三年（昭和八年）、シアトルにいたフクハラ一家は、父の死を契機に母の故郷、広島に移住した。三八年、十八歳になったフクハラだけはアメリカに戻ったが、母や兄弟はそのまま広島に残った。

終戦直後、米第三三師団の専任通訳で大阪、神戸方面に派遣されたフクハラは、四五年十月初旬、広島に向かう。広島市はまだ一般立ち入り禁止だったが、家族訪問ということで特別許可をもらった。広島に近づくと、ジープを交代で運転していた頑強な白人兵が、それ以上進むのを怖がるほど凄惨《せいさん》な光景が広がった。早朝に広島駅に着いたが、駅は消えていた。駅どころか街そのものが消滅し、橋も破壊されて川は氾濫していた。

家族の死を覚悟したフクハラは、失われた街で無理やり記憶を辿って実家を目指す。爆心地から六キロの実家に着いた時には、また朝を迎えていた。窓ガラスは失われたものの、実家は昔の通り残っていた。玄関を叩くと、母と叔母が扉を開けた。ふたりは最初アメリカ兵の姿に怯えたが、フクハラが何度も「僕だよ、ハリーだよ」と語りかけるとようやくわかってくれた。

「母と叔母は、二階で兄が寝ていると言いました。兄はあの日、市内の軍需工場に動員されていたそうです。帰宅するのに一週間もかかったとも、ふたりは言いました。私は、兄に会いに二階に上がった。すると兄の背中には……」

フクハラの顔が歪む。

「皮が……すべてなかった……」

フクハラはそう言うと、「もうこれ以上話せない」と言って痛哭した。兄は半年後死んだ。叔母も三年後に亡くなり、母もその後逝った。死因は癌だったという。


二世の両親には、広島出身者が実に多い。原爆が落ちた時、国民学校五年生だったハリー・カワオカ(八十歳)は広島にいた。四一年十一月、カワオカ家は、広島大竹海兵団(佐伯郡)からほど近い父の実家を訪ねるためにホノルルを発った。乗り換えで横浜にいた時に開戦。ハワイに戻る道は絶たれ、一家は戦時を広島で過ごす。

「原爆から二日後、父は亡くなりました。兄は、二日後にようやく帰宅しました。戦争が始まったことで、我々家族の人生はめちゃめちゃになってしまった。本来は、すぐにハワイに戻るつもりだったのに」

　戦後ハワイに戻ったカワオカをホノルルに訪ねると、氏はカキッカキッと硬い口調で話し始めた。ひと言目を発した時から、何か異常な緊張感が漂っていた。

「言葉だって、僕のは日本語も英語も中途半端です。それはどちらも……」

　そこまでだった。後は言葉にならず、泣き声だけが残った。取材を始めてまだ五分も経っていなかった。

「戦争のことは、もう考えたくない……」

　絞り出すように、カワオカが言った。私には、それ以上何も訊けなかった。

　五一年九月八日、サンフランシスコ講和会議において連合諸国と日本間で平和条約調印。五二年（昭和二十七年）四月二十八日、午後十時三十分、平和条約発効、日本の主権回復。ピュリッツァー賞を受賞したジョン・ダワーの『敗北を抱きしめて』によれば、その時、日本の「町の通りは奇妙に静か」だった。

第十一章　朝鮮戦争

「兵隊さん、なんで僕らと同じ顔なの?」

一九五〇年（昭和二十五年）六月二十五日、午前四時。大韓民国（李承晩大統領、以下韓国）、朝鮮民主主義人民共和国（金日成首相、以下北朝鮮）と南北に分かれて対立中の朝鮮半島で動乱が起きた。北朝鮮軍約十万が、半島中央部、北緯三十八度の軍事境界線を宣戦布告なしに突破したのだ。翌日、国連安全保障理事会は北朝鮮の国連憲章侵犯を認め、撤退を要求するとともに国連加盟国に韓国軍への援助を求めた。

六月三十日、米軍の本格的介入開始。七月七日、ソ連、中国を除いた二十二カ国

（含・医療班派遣国）から成る国連軍結成。国連軍最高司令官には、ダグラス・マッカーサーが任命された。こうして、朝鮮動乱は全世界を巻き込んだ大戦争に発展していく。

朝鮮戦争は、南北が激しく進攻と撤退を繰り返した後、五三年七月に休戦するが、米軍を頭に抱く国連軍は、当初の予想に反し非常な苦戦を強いられた。

前・米陸軍情報部退役軍人会オアフ支部長のエドガー・ハマス（前出）が解説する。

「アメリカは、北朝鮮軍の能力を過小評価しすぎたのです。たとえば、すぐにケリがつくということで、僕らは夏服だけで戦地に送り出された。でも実際には、冬になっても決着がつかず、時には零下四十度にも達する烈寒の中、凍傷に罹《かか》る兵隊が続出しました。そもそも、第二次世界大戦後に軍縮政策を採ったアメリカでは、兵士の数が激減、武器も旧式に成り下がっていました。ですから戦場に赴いた兵隊は、日本で平和を満喫していた進駐軍か、実戦経験のない新兵で士気も能力も低かった。映画やテレビになった『M・A・S・H』の舞台は朝鮮戦争ですが、あんなお気軽な日々とはかけ離れた悲壮な戦いが繰り広げられたのです」

その上、「仁川《インチョン》上陸作戦」を除けば、マッカーサーの指揮も冴えなかった。マッカーサーは、国連軍最高司令官であるにもかかわらず東京のＧＨＱにとどまり、仁川上陸作戦時に司令船上で過ごした以外、戦場で送った夜は一晩たりとてなかったのである。

二世兵が再び向かったのは、この戦場だった。

元・朝鮮戦争日系退役軍人会南カリフォルニア支部長のロバート・ワダ（八十二歳）によれば、「朝鮮半島で戦った日系兵は二千名から三千名。GHQの後方支援スタッフも含めて、全体で五千名の二世」が朝鮮戦争に参戦した。

ワダは四八年、海兵隊に志願。五一年五月から五二年四月にかけて、第一師団第一戦車大隊員としてこの戦争を戦った。海兵隊は第二次大戦以降、日系人に門戸を開いたとはいえ、朝鮮戦争における二世隊員の存在は極めて稀だ。

「第二次大戦とは異なり日系兵だけの部隊は編制されず、私たちは一般の部隊に配属されました。我々のまわりを、韓国の少年たちが取り巻いていてね、『兵隊さん、なんで僕らと同じ顔なの？』と、よく尋ねられたものです」

二世の志願理由には、先の大戦同様、アメリカへの忠誠心を示し偏見を撥ね除けるためというものが圧倒的に多い。なんといっても、終戦からまだ五年も経っていないのだ。他の動機には、第四四二連隊戦闘部隊への憧憬、GHQに入り日本理解を深めたかったなどが挙げられる。

米陸軍省の発表では、米軍、韓国軍併せて九十九万六千九百三十七人が死傷、捕虜、行方不明になり、反対に北朝鮮、中国軍の死傷者は百四十二万人。

「二世兵の戦死者は二百五十六名。第二次世界大戦にも参戦した二世は、百名から百五十名といわれますが、その内の十七名が戦死しました」（ロバート・ワダ）

第二次大戦の兵士とは、戦後も軍に残ったか、予備役でいたところを再度召集された者たちだ。たとえば、元第一〇〇歩兵大隊からは七名が朝鮮戦争で戦死した。ヨーロッパであれほどの激戦を生き抜いたというのに、なんとも痛ましい最期である。

捕虜になった米兵も数知れずで、そのひとりにやはり元第一〇〇大隊のハーシィ・ミヤムラがいる。ミヤムラは二十八カ月もの長期間、北朝鮮捕虜収容所に抑留され、そこで休戦を迎えた。北朝鮮の捕虜待遇は残虐で、収容所で死亡した米兵は多い。休戦翌月、三十八度線上、板門店の「自由の村」に、捕虜の制服のまま辿り着いたミヤムラを迎えたのは米軍将官だった。将官は、その場でミヤムラに名誉勲章の叙勲を伝えた。

日本語がわかった韓国、北朝鮮軍

意外にも、朝鮮戦争では二世語学兵（推定五百人から千五百人）も大いに活躍した。なぜなら、一九一〇年（明治四十三年）から四五年の終戦にいたる三十五年間、朝鮮半島は大日本帝国の植民地であり、日本語が公用語として使われていたからだ。朝鮮戦争時、韓国軍将兵の多くと北朝鮮兵の一部は第二次大戦時の元日本兵だった。一方当時、アメリカの韓国人移民、米軍内で韓国語を解す者、韓国にいる英語通訳、これらすべての人材が絶望的に不足していた。したがって、米軍が韓国軍や北朝鮮人捕虜とコミュニケートするには、二世兵を通す必要があったのである。

先のエドガー・ハマスは、四八年、高校卒業と同時に米陸軍に志願入隊、ミネソタ州からカリフォルニア州モンテレーに移動後の「陸軍語学学校（ＡＬＳ）」に入学した。五〇年、休暇で郷里のハワイに戻る途中、朝鮮戦争が勃発。ハワイから急遽羽田に移送され、埼玉県朝霞市の米軍基地「キャンプ・ドレイク」で出陣命令を待った。

「待機期間は、丸の内郵船ビル内の翻訳通訳部（ＡＴＩＳ）に通い、朝鮮半島の地理やジュネーブ条約に基づいた捕虜の処遇などを学びました」

ATISはその頃、語学学校も併設していた。また同部は、開戦後すぐに前線翻訳通訳部隊（ADVATIS）を韓国に送り、釜山東萊《トンネ》温泉に翻訳通訳センター本部を、ソウル、大邱《テグ》、仁川に支部を開設した。その後、国連軍が三十八度線を越えた際には、元山《ウォンサン》、興南《フンナム》、咸興《ハムフン》にも支部を置き、すべての翻訳通訳センターに隣接して捕虜収容所を設けた。

二世情報語学兵は、以上の翻訳通訳センターか捕虜収容所、あるいは米軍や韓国軍の各部隊に派遣された。任務に関しては第二次大戦時と同様だが、「日本兵とは違って、北朝鮮兵はそれほど抵抗せずに投降した」と語学兵たちは語る。しかし逆に、朝鮮半島特有の難しさもあった。

ハマスの話を聞こう。

「何よりコミュニケーションが複雑を極めました。捕虜が流暢な日本語を話す場合は問題ないのですが、そうでないことが多々あり、その際には韓国人通訳を間に立てる必要がありました。つまり、僕らが日本語で韓国人通訳に話し、韓国人通訳は韓国語で捕虜と話す。それが日本語で僕らに伝わり、最終的には僕らが英語で自軍に伝えるという具合です。五〇年十月末に中国軍が参戦した後には、さらに中国語、それも大変特殊な満州語が加わりました」

開戦後、北朝鮮軍は猛烈な勢いで南進、韓国、国連軍は総崩れとなり半島東南端の釜山まで退却した。その時、マッカーサーが練った秘策が、西北部の仁川港を強襲し、敵を南北から挟み撃ちにするという「仁川上陸作戦」（五〇年九月十五日）だった。作戦は見事にはまり、戦局は一気に国連軍に好転する。

キャンプ・ドレイクで待機中だったハマスは、この直後仁川に送られた。仁川にはかつて旧日本軍が建てた大収容所があり、何千人もの北朝鮮人捕虜が収容されていた。

「私の任務は尋問で、上官からは武器の場所や敵の兵力など、すぐに役立つ情報を訊き出せと命じられました。けれどもおそらく、マッカーサーは本気で中国に進攻するつもりだったんでしょう、後には中国東北部方面事情を要求されました」

ハマスはその後、大田《テジョン》、大邱、釜山東萊温泉と、南方面の捕虜収容所に移動し尋問を続けた。

「釜山東萊温泉には、半島最大規模の捕虜収容所がありました。あそこには、百名以上の帰米語学兵がつめていて、その内、五、六名が元日本兵でした。彼らは一度米国籍を失いましたが、米軍に入隊すれば国籍を回復できたのです」

第八章で述べた通り、米連邦法は「外国軍に入隊」した者の市民権剝奪を定めている。「米軍が、語学兵をひとりでも多く欲しかったこと、また、これらの元日本兵が〝志願〟ではなく〝徴兵〟されたという事情も考慮され、特別処置が採られたようです」

ハマスは、巨済島《コジェド》に一大捕虜収容所が開設され、各地の捕虜が集められ始めた五一年九月に帰郷、退官した。

九月三十日、仁川上陸作戦の勢いをかった韓国軍が、続いて十月七日には国連軍が、三十八度線を突破した。その後も、マッカーサーはトルーマン大統領の意向を無視して北上を続け、韓国軍は一時、中国国境の鴨緑江《ヤールージャン》にまで迫った。ここにいたって十月二十五日、北朝鮮の援軍、中国人民義勇軍（司令官・彭徳懐《ほうとくかい》）の大軍が躍り出る。

予期せぬ中国の参戦と意表をつく人海戦術に、国連軍は大混乱に陥った。この時、ジョージ・ツダ語学兵は半島北部東海岸の興南《フンナム》付近にいた。彼の部隊は、韓国側に連れて行くことを条件に北朝鮮兵士を捕虜にしていたが、退却を急ぐ米軍に彼らを保護するゆとりはなく、「すがる捕虜を武器で威嚇して置き去りにした」（"Americans of Japanese Ancestry in the Korean War" Robert Wada, The Paragon Agency Publishers）。

朝鮮戦争用特別仕立ての米軍冬服を着た二世兵
写真提供・ジョージ・タニグチ氏

同じ頃、ジョージ・タニグチ（八十五歳）は、興南よりさらに北の咸興《ハムフン》捕虜収容所で尋問の任に就いていた。彼は、農夫や労働者から成る中国兵が「越境したことすら理解していない」ことや、凍傷や壊疽に罹っているのに「裸足で歩き回っている」ことに驚いた。中国兵を尋問すると、「軍から支給されたのが運動靴一足だけで、それを春までもたせる必要があると答えました」。

国連軍はこの地方で大量の伝単を撒いたが、〝裸足の中国兵〟は文字が読めないので効果がなかった。そこで、タニグチらが上層部に進言し、後には、空腹の兵士がたくさんの食物で国連軍に迎えられるといったイラスト主体の伝単が散布された。

国連軍の司令塔になった日本で

朝鮮戦争が始まると、日本は国連軍の武器、弾薬の補給、修理を一手に請け負う後方基地となり好景気に沸き立った。占領軍の記録には、帰還兵の大量の寝袋を洗濯する日本人の写真が残るが、こんな分野にまで「朝鮮特需」は訪れた。

一方、九州小倉の第二四師団を筆頭に、在日駐屯米軍七万五千人が続々と半島に急派され、日本は軍事的にはがら空きの空白地帯になった。この穴を埋めるためにアメリカから兵隊が補充され、さらには、GHQの指示で日本自体にも七万五千人を擁す「警察予備隊」（現・自衛隊）が創設された。また、仁川沖や元山沖の機雷処理にも日本の掃海隊が派遣された。日本の「戦力保持を禁じる」として憲法改正に大鉈を振るったGHQが、「日本再武装」へと方針を百八十度転回させたのである。

参謀第二部（G2）の動きも慌ただしくなった。部内には尋問記録編集班が新たに設置され、千葉県二宮町（現・船橋市）にあった米極東軍諜報学校では、成績優秀な二世が召集されて韓国語の特訓が行われた。

とりわけ活発に動いたのが対敵諜報部（CIC）だった。ここは元々二世の多い部署で、業務はその名の通り諜報活動。G2の本拠地、郵船ビルとは別に九段下の旧憲兵隊本部（GHQ名はノートン・ホール）にオフィスを構え、全国津々浦々に部員を派遣して、日本人の思想、ソ連、北朝鮮のスパイ行為、舞鶴に復員したシベリア抑留兵の洗脳状態などを徹底的に調査した。

ジャック・フジモト(八十四歳)は、少年期をポストン強制収容所(アリゾナ州)で送った後、四八年八月、陸軍に志願。陸軍語学学校および諜報学校を卒業後の五〇年三月、朝鮮戦争勃発三カ月前にG2のCICに配属された。

「諜報学校では一年以上の訓練を受けました。尾行の仕方、盗聴器の探し方、隠しカメラの扱い方他を学ぶのです」

フジモトが勤務した神戸支部には、彼のような諜報員が二十名ほど在籍していた。

「勤務時間はかなり自由で、服装は制服でなく常に私服。反米的動き、とくに共産党、『アカハタ』、朝鮮学校、朝鮮人の祭りに目配りしました」

CICの二世は、時に出自を隠し日本人に偽装して満員列車や街頭、飲み屋で市民の声を集めることもあった。

「私は、五二年七月に退役するまでずっと日本勤務でしたが、朝鮮半島に送られた部員もいました。あの戦争では、本当にたくさんの仲間が亡くなりました」

五一年四月十一日、マッカーサー解任。朝鮮半島の国連軍と日本の占領軍のトップには、ともにマシュー・リッジウェイ陸軍中将が着任した。

朝鮮戦争は、五三年七月二十七日、板門店で休戦協定を結んだが（国連軍全権は、イタリア戦線で日系部隊を率いたマーク・クラーク大将）、その後もアメリカは日本から二世語学兵を韓国に送り、収容所に残る捕虜や脱走兵の情報を、当時〝東洋のペンタゴン〟と呼ばれたキャンプ・ドレイクに集め続けた。

朝鮮戦争は、現在も国際法上あくまで「休戦中」で、韓国には米軍を中心に国連軍が駐屯中である。

横須賀基地で半世紀

竹宮帝次も、竹宮なりの朝鮮戦争を戦っていた。朝鮮戦争時、竹宮は、横須賀基地で軍艦の出入港を管理する司令部港湾統制部の最高責任者だった。東京湾に防潜網を築いていたある日、司令部から竹宮に連絡が入る。朝鮮半島に向かった空母ボクサーが故障したため、横須賀でプロペラを交換するという。空母のドック入りは初めてのことで、しかも米軍艦は出撃中、空母を押すタグボートさえない有り様だった。

そこで竹宮は、旧日本軍人に着目した。海軍時代の人脈を辿り、一千人もの元軍人を横須賀に集めたのだ。タグボートの代わりには、旧海軍の石炭船を引き船として使った。不眠不休の末に、石炭船が、黒煙を上げながらボクサーをドックに押し入れる様子を竹宮は見守った。ボクサーは十日後、朝鮮半島に向かう。

竹宮は、米軍の横須賀進駐時に基地司令官の専属通訳を命じられて以来、横須賀基地の従業員として五十二年間、二十八名の司令官のもとで働いた。

「米軍から要求されれば、いつもcan't（できない）はないんです。どうにかしてやれる方法を探す。それをずっとやっていました」

壮年期を迎えた竹宮は、基地の仕事に忙殺され、米軍のマル秘部分に深く関わっていった。基地の外の暮らしはいよいよ遠ざかり、両国の間で苦しい歳月が続いた。

六四年（昭和三十九年）、原子力潜水艦が、日本に初寄港した時もそうだった。記者会見で、エドウィン・ライシャワー駐日米大使の通訳を命じられた竹宮は、日本人記者の刺すような視線を一身に浴びた。

「原潜は米海軍力の一部であり、我々としては、日米安保体制下では寄港は当然であるとの見解をもっている」

と語った大使の言葉を、日本語で記者に伝えるのが竹宮の勤めだったからだ。

原潜スヌークの横須賀入港時（六六年）に陣頭指揮を執ったのも、港湾統制部最高責任者の竹宮である。それがために、同胞から売国奴のように扱われ嫌がらせを受けた。

「そら、核に対するアレルギーはありますよ。しようがないです。骨は折れます。しかし、日本を説得するしかない。やれというもの、やるしかないです」

さらにベトナム戦争中の七三年（昭和四十八年）、今度は、空母ミッドウェイが横須賀に配備された。これは事実上の空母母港化だった。

「日本政府を納得させるのはひと仕事でした。『抑止力』を強調するしかなかった」

池子米軍住宅の交渉も竹宮の仕事で、その頃、竹宮は司令部管理調整官を経て民事部長になっていた。逗子、横浜両市に跨る森に覆われた約二・八八平方キロメートルの土地に、米軍の住宅と海軍補助施設を建設する計画だったが、住民の反対は激しかった。竹宮には、彼らの気持ちもよくわかる。しかし、「can't」は禁句だった。そこで、「住宅建設は進めても森は守る」という方針を貫いた。

十年にわたる長い交渉の末、九四年（平成六年）、建設問題はようやく合意にいたる。

「大変だと言うのはやさしいことです。今でも逗子は大変です。しかし、逗子もずいぶん辛抱してくれました」

現在、池子米軍住宅内には、米軍が竹宮の労をねぎらった「クラブ・タケミヤ」という名のレストランがある。

八六年藍綬褒章、九四年勲五等双光旭日章受章。九七年（平成九年）、依頼され何度かの定年延長を重ねた後、七十三歳で退職。その後は、趣味のボーイスカウトに没頭し、少年たちに「集団生活から他者を思いやる道」を身をもって示した。諍《いさか》いのない生活は、来日以来半世紀以上、二つの国の間で苦しんだ竹宮の心底からの願いだった。

竹宮帝次が、たったひとりで通訳を果たしたミズーリ号は、朝鮮戦争や湾岸戦争に参戦した後、九二年三月末日、カリフォルニア州ロングビーチで現役を引退。九九年（平成十一年）一月、日米開戦の地、ハワイ真珠湾で記念館になった。敗戦の夏には「暑かった」士官室も公開されているが、もちろん今では冷房が効いて、見学者の服に大きな汗のしみが残ることもない。

あとがき

ケンジロウ・アクネは、一九四九年（昭和二十四年）十二月にGHQを辞して帰国、翌年には「GIビル」を得て、ロサンゼルスのウッドベリー・ビジネス・カレッジに通った。GIビルとは、国庫から退役軍人に支給される教育助成金で、元二世兵たちは積極的にGIビルを活用し、大学や専門学校で学びさまざまな分野に社会進出していった。

ケンは、ビジネス・カレッジを卒業後の五二年、ヒューズ・エアクラフト社に入社し、八二年（昭和五十七年）に退職するまでの三十年間を勤め上げた。家庭では二男三女に恵まれ、五〇年代半ばからは、鹿児島のきょうだいもひとりまたひとりとアメリカに呼び寄せ、一家離散寸前だった幼年以来、二十余年ぶりの家族団欒を味わった。

ケンきょうだいのように、戦時下を日本で過ごした後、アメリカに戻り居住した二世は五千人に上るといわれる。
竹宮帝次は、二〇一〇年（平成二十二年）四月三十日、脳梗塞による合併症のため家族に見守られて永眠した。行年八十六歳。
「戦争が終わるたびに
誰かが後片づけをしなければならない
物事がひとりでに
片づいてくれるわけではないのだから」
竹宮氏の訃報を聞いた時、ポーランドの詩人、ヴィスワヴァ・シンボルスカの『終わりと始まり』（沼野充義訳）の一節が私の脳裏に去来した。

アメリカでは、五二年に移民帰化法が改正（マッカラン＝ウォルター法）されて、一世たちも市民権を得られるようになった。法改正の背景には、ヨーロッパ戦線で未曾有の殊勲を上げた二世兵士への共感があった。「彼らの両親に市民権を」という少なからぬ国民の声が政府に届けられたのだ。
五九年、ダニエル・イノウエ、ハワイ州から下院議員に（後に上院議員）、六二年、スパーク・マツナガ、同州より上院議員、二〇〇一年、ノーマン・ミネタ、運輸長官で日系人として初入閣――元二世兵は、このように国の中枢にも進出していった。

日系人約十二万人の収容に繋がった「大統領令九〇六六号」は、七六年（昭和五十一年）に廃止された。八八年（昭和六十三年）、ロナルド・レーガン大統領が元収容者に正式に謝罪し、強制収容に対する補償を規定した「市民自由法」に署名。ひとりあたり二万ドルの補償金支払いが開始されたのは、レーガンを継いだジョージ・ブッシュ政権下だった。市民自由法成立に際しては、フランス、ヴォージュ地方の人々、三千人もホワイトハウスに署名を送っている。

長い間、秘密保持が義務付けられた二世情報語学兵に対して、「大統領部隊感状」が贈られたのは二〇〇〇年。同じ年、ビル・クリントン大統領は人種差別があったとして、二十名の元二世兵の勲章を「名誉勲章」に格上げしホワイトハウスで表彰した。さらに、二〇一一年には、第一〇〇歩兵大隊を含む第四四二連隊戦闘部隊と情報語学兵――あの戦争を戦ったほぼすべての元二世兵に、アメリカで最高位の勲章「議会金賞」が授与された。過去に議会金賞を受勲したのは、ジョージ・ワシントン、トーマス・エジソン、マザー・テレサなど偉人伝中の人々である。

記念碑を磨くケンジロウ・アクネ

現在、ロサンゼルスのリトル東京には、元二世兵の名を刻んだ大きな半円形の記念碑「ゴー・フォー・ブローク・モニュメント」(九九年六月〜)が建っている。ある日曜日、モニュメントを訪ねると、四メートルはあろうかという長いモップを器用に使いこなして碑を磨くケンの姿があった。

「黒い石で出来ているから汚れが目立っちゃうんだ」

ケンは、毎週水・日曜日、ボランティアとしてモニュメントでガイドを務めている。戸外だから寒い日も風の日もあるが、「記念碑は、誰かが説明しないと存在しないも同然だから」と黙々と役割を果たす。

このモニュメントの建設計画が持ち上がった三十年ほど前から、ケンは日系人の記録を残す活動に携わってきた。理事を務める「ゴー・フォー・ブローク全米教育センター」では、すべて手弁当、というより持ち出しである。

「二つの国に翻弄された人生でした。結局、戦場に行って辛い思いをするのは貧しい階層の若者でしょ。僕はそれに腹が立つ。でも、一生を振り返ってやれるだけのことはやったと思いますよ。二世の中には『ノーノーボーイ』もいたし、『収容所から徴兵するのはおかしい』と徴兵拒否した人たちもいる。彼らには彼らなりの考えがあったと思うけれど、僕は多くの二世が、正直で勤勉、自制的で謙虚な日本人の美徳を戦場で発揮して、アメリカで権利を勝ち取ったことを誇りに思っています。幼い頃は、プールにも入れなかった日系人がここまで辿り着いたのですから」

ゴー・フォー・ブローク全米教育センターは、モニュメントの管理運営の他、中高生や教師たちへの教育も支援しているが、元二世兵をビデオ取材し、ホームページ上(http://www.goforbroke.org)にアップロード、世界中の誰もが無料で視聴できるシステムも構築した。これまでの取材者は約千百人、すでにホームページで公開中のビデオは七百件におよぶ。私もこの本を書くに際し、ビデオを参考にしたことを記しておきたい。

本書を書くにあたり、アメリカ本土、ハワイ、日本の二世、元日本人捕虜、フランス、ヴォージュ地方やイタリア、カッシーノ、ピエトラサンタのみなさん他、たくさんの人々が取材に協力してくださった。その中にはすでに鬼籍に入られた方も多く、また取材だけで本書には書き切れなかった大勢の人々もいるが、すべてのみなさんに心より感謝している。ありがとうございました。

なお、編集、刊行に関しては、新潮社、新潮新書編集部の内田浩平さんに大変お世話になりました。

二〇一二年夏、ロサンゼルス郊外の自宅にて

柳田由紀子

I would like to express my sincere thanks and appreciation to all those Niseis who gave me a chance to interview them and who told me their precious stories. Arigatou gozaimashita.

参考文献

Go For Broke National Education Center, Oral History Videos (http://www.goforbroke.org) / DVD, "A Tradition of Honor" Go For Broke National Education Center / "Nisei" Bill Hosokawa, William Morrow and Company, Inc. / "Nanka Yamaguchi Kenjinkai 1905-2005" self-publishing / "Beyond National Boundaries" Yuji Ichioka, Amerasia Journal 23:3(1997):vii-xi / "The New York Times" 12/01〜18/1941, 09/02/1945 / "Hawaii Goes To War" DeSoto Brown, Editions Limited / "The Hawai'i Nisei Story. Raymond Riyoso Nosaka" (http://nisei.hawaii.edu/object/01_ray.html) / "War Dog Letter" History Detectives, PBS (http://www.pbs.org/opb/historydetectives/investigation/war-dog-letter/) / "How to Tell Japs from the Chinese" Life magazine, 12/22/1941 / "Personal Justice Denied" The Civil Liberties Public Education Fund, University of Washington Press / "Japanese Americans in World War II " National Park Service, U.S. Department of the Interior / "The Evacuation and Relocation of Persons of Japanese Ancestry During World War II " National Park Service, U.S. Department of the Interior / "Camp Connections, November 2002, Preview Edition" National Park Service / "Amache, a booklet in 1943" The War Relocation Authority / "73 Questions and Answers About the WAAC" WAAC / Video, "Know Your Enemy: Japan" Frank Capra, RCA / Columbia Pictures Home Video / "A Taste for Strawberries" Manabi Hirasaki, Naomi Hirahara, Japanese American National Museum / "An American Son" Naomi Hirahara, Japanese American National Museum / "Proud That Their Sons Are Serving The U.S." "Honolulu Star-Bulletin", 03/30/1943 / "John Aiso and The M.I.S." The Military Intelligence Service Club of Southern California / "MISLS Album 1946" MIS, The Battery Press / "Nisei Linguists" James C. McNaughton, Department of the Army / "Masao "Harold" Onishi" "The Hawaii Herald", 07/02/1993 / "Ambassadors in Arms" Thomas D. Murphy, University of Hawaii Press / "Americans" Orville C. Shirey, Infantry Journal Press, Washington DC. / "Bridge of Love" John Tsukano, Hawaii Hosts, Inc. / "And Then There Were Eight" Item Chapter 442nd Veterans Club / "Go For Broke" Chester Tanaka, Go For Broke Inc. / "Cassino 1944" Colonel J.H. Green, Lamberti Editore / News film, "The Liberation of Roma" U.S. Army Pictorial Service / "Letters from the 442nd" Minoru Masuda, University of Washington Press / "U.S. Samuraïs in Bruyères" Pierre Moulin, Gerard Louis / "Ce Voyage Était-Il Nécessaire?" Jean Bianchetti, self-publishing / "Honor by Fire" Lyn Crost, Presidio Press / News film, "President Truman Honors Nisei Combat Group" U.S. Army Pictorial Service / Video, "Tokyo Rose", 09/20/1945, National Archives / "The Meaning of Loyalty" Yuji Ichioka, Amerasia Journal 23:3(1997):45-71 / "Americans of Japanese Ancestry in the Korean War" Robert Wada, The Paragon Agency Publishers / "From Internment to Korea, to Solitude" Robert M. Wada, self-publishing / "50th Anniversary Korean War, June 25, 1950 - July 27, 1953" Japanese American Korean War Veterans, self-publishing

『あめりか物語』永井荷風　新潮文庫／『私の中の日本軍（上下）』山本七平　文春文庫／『それでも、日本人は「戦争」を選んだ』加藤陽子　朝日出版社／『あの戦争と日本人』半藤一利　文藝春秋／『日系移民人名辞典（北米編　第1巻）』日本図書センター／『日系移民資料集（北米編　第16巻）』日本図書センター／『二世――黎明期アメリカ移民の物語り――』ユウジ・イチオカ　富田虎男、粂井輝子、篠田左多江訳　刀水書房／『もう一つのアメリカン・ドリーム』ロナルド・タカキ　阿部紀子、石松久幸訳　岩波書店／『日系アメリカ人の辿った道』三谷由美　ＪＥＷＬ／『二つの祖国（上中下）』山崎豊子　新潮文庫／『真珠湾メモリアル』徳岡孝夫　中公文庫／『ダニエル・イノウエ自伝――ワシントンへの道――』ダニエル・K・イノウエ　森田幸夫訳　彩流社／『図説　ハワイ日本人史　１８８５～１９２４』王堂フランクリン、篠遠和子　バニーズ　パウアヒ　ビショップ博物館出版局／『横光利一全集　第十二巻』横光利一　河出書房／『がんばって――日系米人革命家60年の軌跡』カール・ヨネダ　田中美智子、田中礼蔵訳　大月書店／『幻のカリフォルニア若松領　初移民おけいの物語』五明洋　青心社／『ノー・ノー・ボーイ』ジョン・オカダ　中山容訳　晶文社／「敵国外人　収容所閉鎖　検挙総数一万六千六十二名」羅府新報　１９４６年1月1日／『日系パイオニヤ　歩みの跡　第四巻』南加日系パイオニア・センター／『トレイシー　日本兵捕虜秘密尋問所』中田整一　講談社／『ヤンキー・サムライ――太平洋戦争における日系二世兵士』J・D・ハリントン　妹尾作太男訳　早川書房／『戦陣訓の呪縛――捕虜たちの太平洋戦争』ウルリック・ストラウス　吹浦忠正監訳　中央公論新社／『日本人捕虜――白村江からシベリア抑留まで（上下）』秦郁彦　原書房／『逃げる兵・サンゴ礁の碑』渡辺憲央　マルジュ社／『菊と刀　日本文化の型』ルース・ベネディクト　長谷川松治訳　講談社学術文庫／『太平洋の生還者』上前淳一郎　文春文庫／『秘録・謀略宣伝ビラ――太平洋戦争の〝紙の爆弾〟』鈴木明、山本明編著　講談社／『追悼　オーテス・ケーリ　Otis Cary and His Broad Vision 1921-2006』同志社アーモストクラブ／『木戸幸一日記』木戸幸一　東京大学出版会／『俘虜記』大岡昇平　新潮文庫／映画『野火』市川崑監督　大映／「硫黄島」海上自衛隊硫黄島航空基地／『八島太郎――日米のはざまに生きた画家――』野本一平　創風社／「米戦略情報局（ＯＳＳ）に協力した日本人画家：タロー・ヤシマは国境を超える闘いに再度の青春を賭けた」袖井林二郎　月刊プレイボーイ　１９７９年8月号／『ブリエアの解放者たち』ドウス昌代　文春文庫／『ゴー・フォー・ブローク！』渡辺正清　光人社ＮＦ文庫／映画『戦火のかなた』ロベルト・ロッセリーニ監督／映画『ふたりの女』ヴィットリオ・デ・シーカ監督／記録映画『学徒出陣』文部省／『日米交換船』鶴見俊輔、加藤典洋、黒川創　新潮社／『東京ローズ』ドウス昌代　文春文庫／『日本軍兵士になったアメリカ人たち』門池啓史　元就出版社／『帝国海軍士官になった日系二世　A Japanese-American and The Imperial Navy』立花譲　築地書館／「艦内帽　関東海軍一生会だより」平成18年6月20日　艦内帽復刊第6号第73号　関東海軍一生会／「日本に帰還は考へ物　鶴

参考文献

湖帰国者の叫び　戦後の日本を見てガッカリ」羅府新報　1946年2月4日／『私たちは敵だったのか　在米被爆者の黙示録』袖井林二郎　岩波書店／CD「私はこう聴いた——玉音をめぐる物語　1・阿川弘之」「新潮45」2010年8月号特別付録／『GHQ』竹前栄治　岩波新書／『日本占領——GHQ高官の証言』竹前栄治　中央公論社／『GHQの人びと——経歴と政策』竹前栄治　明石書店／『山下裁判（上下）』フランク・リール　下島連訳　日本教文社／『東京旋風　これが占領軍だった』ハリー・E・ワイルズ　井上勇訳　時事通信社／『小説GHQ』梶山季之　集英社文庫／『マッカーサーの二千日』袖井林二郎　中公文庫／『マッカーサーの日本（上下）』週刊新潮編集部　新潮文庫／「朝日新聞」1945年8月31日朝刊／『占領史録（上下）』江藤淳編　講談社学術文庫／『昭和財政史・第三巻・終戦から講和まで』大蔵省財政史室、東洋経済新報社／『日本占領秘史（上下）』袖井林二郎、竹前栄治、秦郁彦他　ハヤカワ文庫／『閉された言語空間　占領軍の検閲と戦後日本』江藤淳　文春文庫／『敗北を抱きしめて（上下）』ジョン・ダワー　三浦陽一、高杉忠明、田代泰子訳　岩波書店／『ある日系二世が見たBC級戦犯の裁判』大須賀・M・ウイリアム　大須賀照子、逸見博昌訳　草思社／『日本の放送をつくった男　フランク馬場物語』石井清司　毎日新聞社／『図説　占領下の東京』佐藤洋一　ふくろうの本　河出書房新社／『新ニッポン日記　あるジャーナリストの遺稿』マーク・ゲイン　久我豊雄訳　日本放送出版協会／『モダンガール——竹久千恵子という女優がいた——』香取俊介　筑摩書房／『ワシントンハイツ　GHQが東京に刻んだ戦後』秋尾沙戸子　新潮社／ドキュメンタリー映画『東京裁判』小林正樹監督　東宝／『平和の発見——巣鴨の生と死の記録』花山信勝　朝日新聞社／『日本と戦った日系人　GHQ通訳・苦悩の歳月』NHK　BS特集／『GHQの見たニッポン　開封された秘蔵写真』太平洋戦争研究会編著　世界文化社／『DDT革命　占領期の医療福祉政策を回想する』クロフォード・F・サムス　竹前栄治編訳　岩波書店／「大東フォーラム（特集）いま、なぜ伊丹明か」第13号　大東文化大学／詩集『こころ』伊丹明／『遠い対岸——ある帰米二世の回想』山城正雄　グロビュー社／『実録・山河燃ゆ』島村喬、堀和久他　ゆまにて／『朝鮮戦争ⅠⅡⅢ』児島襄　文春文庫／『ザ・コールデスト・ウインター　朝鮮戦争（上下）』デイヴィッド・ハルバースタム　山田耕介、山田侑平訳　文藝春秋／「戦艦ミズーリ記念館」パンフレット　戦艦ミズーリ記念館柳田由紀子　1963（昭和38）年東京生まれ。早稲田大学第一文学部卒業後、新潮社入社。2001年米国に移住。著書に『アメリカン・スーパー・ダイエット』『太平洋を渡った日本建築』など。

Ⓢ新潮新書

479

二世兵士《にせいへいし》　激戦《げきせん》の記録《きろく》

日系《にっけい》アメリカ人《じん》の第二次大戦《だいにじたいせん》

著　者　柳田由紀子《やなぎだゆきこ》

2012年7月20日　発行

発行者　佐藤隆信

発行所　株式会社新潮社

〒162-8711　東京都新宿区矢来町71番地
編集部(03)3266-5430　読者係(03)3266-5111
http://www.shinchosha.co.jp

図版製作　ブリュッケ

印刷所　錦明印刷株式会社

製本所　錦明印刷株式会社

ISBN978-4-10-610479-4　C0221

価格はカバーに表示してあります。